이 정도는 알아야 할
복음 이야기

복음을
말하다

| 이원영   정찬도 |

KB191605

IMC

복음을 말하다
Tell the Gospel

펴낸날	초판 1쇄 202년 6월 28일
지은이	이원영 정찬도
펴낸이	정찬도
펴낸곳	IMC
출판등록	2021년 10월 12일
주소	부산광역시 영도구 하리길30
홈페이지	http://www.i4missionalchurch.modoo.at
교정	정찬도
표지디자인	문지환
ISBN	979-11-976503-1-4

이원영 고신대학교 신학과, 고려신학대학원을 졸업한 후 현재 제6영도교회에서 행복한 목회중이다. 성경적 공교회 건설을 위해 섬기는 교회 사역에 더해 열정적으로 강의와 저술을 감당하고 있다.

정찬도 고신대학교 신학과, 고려신학대학원을 졸업, 네덜란드 아펠도른신학대학에서 교의학 전공 후 주나움교회(주님은 나의 도움이시다)를 개척해 담임목회 중이다. 지역교회 사역 뿐 아니라 저술과 신학교 강의, 각종 강연을 통해 건강한 교회 건설에 이바지 중이다. 저서로는 『코르트 버흐립』(세움북스, 문지환 공저)와 『크레도: 나는 믿는다』(IMC)가 있다.

차례

사람은 오직 복음을 통해 하나님의 백성, 즉 성도라는 귀한 호칭을 얻을 수 있다. 그 누구도 이 복음 외에는 다른 방법으로 하나님의 백성이 될 수 없다. 그렇기 때문에 성도에게 있어서 가장 기초이면서 동시에 가장 중요한 것은 복음이라 말할 수 있다.

복음은 무엇일까? 문자적으로 복음은 '복된 소식', '좋은 소식', 그리고 '기쁜 소식'이라 말할 수 있다. 그러면 무엇이 '복된 소식', '좋은 소식', '기쁜 소식'일까? 핵심은 '예수님을 믿으면 하나님의 자녀가 된다'이다. 그래서 복음을 다른 말로 '예수 복음'이라 말하는 것이다.

그러면 우리는 신앙생활의 기초이자, 가장 중요한 이 예수 복음에 대해 얼마나 알고, 얼마나 이해하고 있을까? 복음 안에서 바르게 행하고 있다면 바른 열매들이 풍성해야 하는데, 과연 우리의 삶에 이런 열매들이 풍성히 있는가? 이런 질문 앞에서 예수 복음을 믿는 우리는 과연 어떤 대답을 할 수 있을까?

복음은 예나 지금이나 변함이 없다. 지금도 복음은 어떤 사람이든 하나님의 백성이 될 수 있도록 만드는 유일한 길이 되고, 하나님의 모든 복들을 누릴 수 있는 통로가 되기에 아무런 부족함이 없다. 그런데 이 복음은 점차 세상 속에서 천대를 받기 시작했고, 교회 안에서도 하나마나 한 소리가 되어 버리고 있다. 성도는 하나님의 말씀을 바르게 아는 것에 가치를 두기 보다, 이 세상에서 성공을 하고 잘 사는 것에 더 큰 가치를 두기 시작했다. 교회는 급속히 변화하는 문화에 정신이 없고, 물질에 근거한 기업화와 대형화에 심취한 나머지, 왜곡된 복음 혹은 변질이 된 복음 위에 세워져 가고 있는 것처럼 보이기도 한다. 이러한 모습을 어떻게 알 수 있는가? 세상 사람들이 교회와 성도에 대해 평가하는 말들을 들어보면 알 수 있다. 바른 복음 위에 세워진 성도, 교회는 세상에서도 인정할 만큼 귀한 것이다. 그런데 지금은 세상이 교회를 걱정하고, 비판하고 있고, 성도들을 무시하고 있다. 이러한 모습은 성도와 교회가 복음을 제대로 알지 못하고, 제대로 복음에 따라 살지 못하는 증거가 아니고 무엇이겠는가? 그러면 성도와 교회가 바르게 하기 위해서는 복음을 바르게 알고, 바르게 행하는 것이 필요하다.

예수 복음은 죄로 인해 심판을 받아 영원한 멸망에 이르러야 할 우리에게 그리스도를 통해 죄 용서함을 얻어 영생에 이르게 되는 방법을 알려준다. 복음은 우리로 그리스도를 통해 죄와 사망의 자녀에서 하나님의 자녀가 되는 길을 소개하여 준다. 복음은 예수 그리스도를 통해 하나님의 자녀가 되는 영원한 가치의 복된 소식을 가지고 있다.

하지만 '예수님을 믿으면 하나님의 자녀가 된다'라는 말은 복음을 알기 위한 시작일 뿐이다. 이 예수 복음의 진정한 의미를 알기 위해서는 기본적으로 알아야 할 것들이 많다. 무엇을 알아야 할까? 성경, 하나님, 언약, 죄, 예수님, 교회 그리고 하나님 나라에 대해서 알아야 한다. 이러한 것들을 알아야만 예수 복음을 제대로 이해할 수 있고, 이 복음을 제대로 알아야만, 무엇이 변질된 복음인지를 분별하여, 세상의 빛과 소금으로서의 우리의 사명을 온전히 감당할 수 있게 된다.

복음은 우리의 생각과 삶을 변화시키는 힘이 있다. 복음은 우리의 과거와 현재와 미래를 변화시키는 힘이 있다. 그렇기 때문에 복음은 실제 우리의 신앙과 생활과 관련하여 깊은 전율이 전해져야 한다. 복음은 생동감 넘치는 영적 깨우침으로 우리에게 다가와야 한다. 그 복음을 함께 알아가는 일에 수고를 아끼지 않아야 한다. 신앙의 기초인 복음 위에 신앙의 집을 멋지게 세워 나가길 기대한다. 지금 이 시대의 성도에게 가장 필요한 것은 바른 복음을 아는 것이며, 그 위에 바른 교회를 세워나가는 것이라 생각한다.

필자는 이 책을 통해 복음을 안다고 생각했던 우리가 복음을 몰랐음을 인정케 되고, 드디어 복음을 말하는 자리에까지 나아가길 바란다. 이 책이 복음을 알고 말하는데 하나의 길라잡이가 되기를 바란다.

2022년 6월 어느 날에

이원영 정찬도

서 론 * 복 음 ― 회 복 을 말 하 다

Gospel, Tell the Recovery

복음이란

나의 존재 목적이 무엇인지,

내게서 제거해야만 하는 것이 무엇인지,

내가 획득해야 하는 것이 무엇인지

이와 같은 것들에 대한 복된 소식이다.

Tell the Gospel

서론 _ 복음, 회복을 말하다
Gospel, Tell the Recovery

내가 복음을 부끄러워하지 아니하노니

이 복음은 모든 믿는 자에게 구원을 주시는 하나님의 능력이 됨이라

첫째는 유대인에게요 또한 헬라인에게로다

로마서 1:16

1. 복음의 내용

복음은 '복된 소식', '좋은 소식', 그리고 '기쁜 소식'이다. 진정 복음이 나에게 복되고 좋은 기쁜 소식으로 주어진다면, 그 이유는 무엇인지, 네 가지로 정리를 해 보자.

1) 존재의 목적

복음은 나의 존재 목적을 알려준다. 내가 왜 이 세상에 이런 모습을 가지고 태어났고, 이 세상에서 무엇을 위해 살아가야 하는지를 알려 주기 때문에 좋은 소식이 된다.

2) 죄의 문제

복음은 우리가 도저히 해결할 수 없는 죄의 문제를 어떻게 해결할 수 있는지를 알려준다. 죄란 무엇인지, 죄인으로서 나는 얼마나 비참한 존재인지, 그 죄를 어떻게 해결할 수 있는지, 그 방법을 알려 주기 때문에 기쁜 소식이 된다.

3) 의의 문제

복음은 나의 힘으로 할 수 없는 의를 어떻게 이룰 수 있는지를 알려준다. 죄와 사망의 법 아래 놓인 존재가 어떻게 의와 생명의 성령의 법 아래 놓인 존재가 되는지 그 방법을 알려 주기 때문에 복된 소식이 된다.

4) 관계의 문제

복음은 하나님과 상관없던 내가 어떻게 하나님의 자녀가 될 수 있는지를 알려준다. 하나님과의 관계 속에서 그의 백성이 된다는 것은 무엇인지, 그의 통치 아래 있다는 것은 무엇인지, 그와 함께 하는 은혜를 어떻게 얻게 되는지, 그 방법을 알려주기 때문에 복음은 복된 소식이 된다.

2. 복음의 목적

복음은 타락한 인간에게 주어진 하나님의 은혜로운 소식이다. 이런 은혜로운 소식을 하나님께서는 아무런 이유 없이, 그냥 사람에게 주지 않으셨다. 그렇다면 이 소식을 우리에게 주신 하나님의 분명한 목적은 무엇일까?

우리에게 은혜로운 복음을 주신 하나님의 목적은 두 가지이다. 첫째는 하나님 자신을 위한 것이고, 둘째는 하나님 나라를 위한 것이다. 우리는 복음을 통해 하나님을 하나님으로 인정을 하고, 영화롭게 하며, 영원토록 즐거워해야 한다. 그리고 하나님의 나라를 이 땅에 선포하며 세워나가야 한다. 즉 우리의 소원을 이루는 것이 복음의 목적이 아니라 하나님의 뜻을 이루는 것이 복음의 목적이다. 이런 복음의 목적을 이루기 위해서는 기본적으로 우리가 알아야 할 것들이 있다.

1) 하나님은 누구신가?

복음은 하나님께서 사람들에게 주신 은혜의 선물이다. 그렇기에 가장 기본적으로 그 복음을 우리에게 허락하신 주체, 곧 하나님이 어떤 분이신지에 대해 알아야 한다. 그 하나님을 알아야만 복음의 내용을 잘 이해할 수 있고, 왜 이것을 우리에게 주셔야만 했는지를 알 수 있다.

2) 사람은 누구인가?

하나님은 다른 존재가 아닌 사람에게 이 복음을 주셨다. 그렇다면 당연히 이 복음의 수혜자인 사람이 어떤 존재인지에 대해 알아야 하며, 이 복음이 사람에게 어떤 유익이 있는지도 알아야 한다.

3) 언약은 무엇인가?

하나님의 복음은 언약의 관점에서 풀어야 한다. 그렇기 때문에 하나님께서 사람과 맺은 이 언약은 무엇이고, 역사적으로 어떤 언약들이 있었으며, 지금은 어떤 언약 아래에 있는지를 알아야 한다.

4) 교회는 어떤 곳인가?

이 복음이 선포되고 가르쳐지는 곳은 교회이다. 그러면 교회는 어떤 곳이며, 교회에서 어떤 일들을 해야 하는지를 알아야 한다.

5) 성도는 어떻게 살아야 하는가?

하나님께서는 세상 안에 있는 그리스도인들을 통해 그의 나라를 이루어 가시기 때문에, 성도가 세상에서 어떠한 모습으로 살아가야 하는지를 알아야 한다. 그리고 어떻게 하면 성도의 삶을 통하여 그들에게 예수 복음을 믿는 믿음 있음이 증명되는지, 어떻게 이 삶을 통하여 세상 사람들이 하나님을 볼 수 있도록 만드는지에 대해 알아야 한다.

3. 복음의 근거

우리가 믿고 있는 이 복음의 모든 내용은 성경에 기록이 되어 있다. 이것은 다른 말로 성경 밖에서는 결코 복음의 내용에 대해 알 수 없다는 것이다. 그렇기에 복음을 믿는 성도에게는 '오직 성경'이라는 믿음과 확신이 필요하다.

그러면 성경은 어떤 책인가? 성경은 하나님께서 선지자들을 통해 말씀하시고, 기록하신 정확 무오한 계시의 말씀이다. 그 말씀 안에 있는 복음을 우리가 믿는 것이다.

1) 성경의 신뢰성

우리는 이 성경이 참으로 하나님의 말씀이라는 것을 어떻게 알고 믿을 수 있을까? 간단하게 세 가지로 살펴보자.

첫째, 성경에 기록된 역사적 사실이다. 성경에 기록된 하나님의 구원 역사는 약 1,500여 년 동안 40여 명의 저자들에 의해 기록되었지만, 그 모든 내용들이 실제 역사적 사실들과 일치한다.

둘째, 성경에 기록된 내용적 사실이다. 성경 66권은 오랜 기간에 걸쳐 수많은 사람에 의해 기록이 되었지만, 그 내용에 있어 하나님, 언약, 심판, 그의 나라 등에 대해서 일관되게 기록하고 있다.

셋째, 성경에 기록된 예언 성취적 사실이다. 성경에는 수많은 예언에 관한 말씀들이 있다. 이런 예언들은 역사를 통해 성취가 되었음을 알 수 있다. 대표적인 것으로, 구약에서는 이스라엘의 회복과 메시아 예언이 기록되어 있고, 성취되었다. 신약에서는 예수님의 재림에 대한 예언이 기록되어 있고, 그 성취를 바라보고 있다. 구약의 예언이 모두 성취되었듯이, 신약의 예언 역시 성취될 것을 알 수 있는 것이다.

> 또 어려서부터 성경을 알았나니 성경은 능히 너로 하여금 그리스도 예수 안에 있는 믿음으로 말미암아 구원에 이르는 지혜가 있게 하느니라 _ 디모데후서 3:15

2) 성경의 최종적 권위

우리는 모든 성경이 하나님의 감동으로 기록되었으며, 그 모든 성경을 기록된 계시의 말씀이요 진리로 받아들인다. 여기서 '감동으로 기록되었다'는 말은 '영감'되었다는 의미이다. 즉 성령님과 인간 저자의 긴밀한 관계 속에서 유기적으로 영감 되었다는 것과, 모든 글자 하나하나에서 66권 전체가 기록된 계시의 말씀으로 축자-완전 영감 되었음을 말한다.

다시 말해, 우리는 성경의 1차 저자가 바로 하나님이시기 때문에 성경의 내용과 범위에 있어서 오류가 없는 완전 무오한 하나님의 말씀으로 받아들인다.

우리는 모든 성경이 성령님으로부터 영감 되었음을 인정하기에 성경을 내 마음대로 해석하여 설교하거나, 성경의 특정 본문만 중요하게 여기며 설교하거나, 기복적이거나 성공지향적인 해석을 거부한다.

> 우리가 이것을 말하거니와 사람의 지혜가 가르친 말로 아니하고 오직 성령께서 가르치신 것으로 하니 영적인 일은 영적인 것으로 분별하느니라 _ 고린도전서 2:13

우리는 하나님께서 성경의 진리와 지혜를 통해 오늘도 우리에게 하나님의 권위를 행하심을 믿는다. 그 믿음으로 오늘도 우리는 오직 성경만이 우리의 신앙과 생활의 유일한 법칙임을 고백한다. 이렇게 고백할 수 있는 이유는 두 가지이다.

첫째, 오직 성경만이 구원과 영생에 대한 진리를 담고 있고,

우리의 구원에 필요한 모든 진리들을 명백하게 말하고 있기 때문이다. 둘째, 지금껏 성경이 교회 공동체 안에 그리스도의 주권적 통치가 이루어지는 도구로서 역사하여 왔기 때문이다.

> 이러므로 우리가 하나님께 끊임없이 감사함은 너희가 우리에게 들은 바 하나님의 말씀을 받을 때에 사람의 말로 받지 아니하고 하나님의 말씀으로 받음이니 진실로 그러하도다 이 말씀이 또한 너희 믿는 자 가운데서 역사하느니라
> _ 데살로니가전서 2:13

그렇다면 성경에 대한 우리의 자세는 무엇일까? 우리는 성경을 하나님의 말씀으로 인정하고 그 말씀이 우리에게 요구하는 바를 순종으로 실천하는 자세가 필요하다.

우리는 인간의 말(인간의 이성, 전통, 교회적 결정들)이 아닌 하나님의 말씀에 집중하고 순종함으로 인해 하나님의 구원과 통치 아래로 들어가야 한다.

그뿐만 아니라, 오직 성경이 우리의 신앙과 생활에 유일한 법칙이요 원천이 되게 하기 위해서는 우리는 더욱더 하나님 말씀을 가까이 하며, 그 말씀에 귀 기울이는 삶을 살아야 한다. 그렇기 때문에 우리는 실천하는 순종의 자세를 통해서 성경이 우리 신앙과 삶에 최종적 권위를 가짐을 우리의 삶을 통해 드러내어야 한다.

주의 말씀은 내 발에 등이요 내 길에 빛이니이다 … 주의
말씀을 열면 빛이 비치어 우둔한 사람들을 깨닫게 하나이다
_ 시편 119:105, 130

3) 성경해석원리

우리는 우리에게 필요한 구원 지식을 전해주는 하나님의 말씀을 읽고 이해해야 할 중요한 책임을 가진다. 하지만 성경의 모든 부분이 항상 단숨에 이해되는 것은 아니기에 보다 명확한 성경 지식과 이해를 위해 다음의 성경 해석의 기본 원리에 충실해야 한다. 이것을 네 가지로 살펴보자.

첫째, 성경은 성경으로 해석해야 한다. 성경해석에 있어 가장 중요한 것은 '성경은 성경 그 자체의 해석자이다'라는 원리이다. 성부 하나님께서 모든 성경의 원저자이기 때문에 한 권의 책으로써 유기적 통일성과 일관성이 상호 모순되지 않게 성령님을 통하여 조명하시고, 깨닫게 하신다.

둘째, 성경은 전후 문맥을 따라 해석해야 한다. 하나님께서는 이 말씀을 우리에게 주시면서, 왜 주셨는지에 대해 다 기록을 해 놓으셨다. 그 뜻을 알기 위해 전후 문맥을 살펴보아야 하며, 그렇게 하지 않고 한 단어, 한 문장만 따로 떼어서 본다면, 원저자이신 하나님의 뜻이 아니라 내가 원하고, 생각하는 대로 잘못된 해석을 하게 된다.

셋째, 성경은 역사적 배경 속에서 해석해야 한다. 우리는 성경이 기록된 역사적 배경 속에서 본문을 이해해야 하고, 당시의 의미를 발견하기 위해 노력해야 한다. 역사성을 제거한 성경 이해는 본 의미를 다 드러낼 수 없기 때문이다.

넷째, 성경을 우리의 삶 속에 구체적으로 적용해야 한다. 우리는 성경 시대의 말씀이 지금 우리에게 무엇을 요구하고 있는가를 옳게 분별하고, 우리의 정황 속에서 재적용해야 한다.

> 여호와를 경외하는 것이 지혜의 근본이요 거룩하신 자를
> 아는 것이 명철이니라 _ 잠언 9:10

우리는 위의 원칙에 따라 성경을 읽고 이해하되 겸손히 처음부터 끝까지 성령님의 인도와 도우심으로 분별하여 말씀을 읽고 이해하고자 노력해야 한다.

4) 성경의 불가완해성

우리는 하나님을 더 깊이 알기를 소망한다. 하지만 우리는 본성적으로 유한한 인간에 불과하기에, 무한하시고 영원하신 하나님을 조금이라도 담을 그릇이 되지 못함을 인정해야 한다. 우리의 짧은 경험과 부족한 이성적 판단으로는 하나님을 완전히 이해하고 해석하는 일은 불가능 할뿐만 아니라 하나님과 그의 계획에 대해 드러내신 계시의 말씀 역시도 완전히 이해하고

해석하는 일은 불가능하다. 이것을 가리켜 '불가완해성'이라 일컫는다.

우리는 불가완해성을 이해할 때 두 가지 특징을 기억해야 한다. 첫째, 우리가 하나님을 부분적으로 알 수 있지만, 완전히 이해할 수 없다는 사실이다. 피조물로서 창조주를 담아내는 것 자체가 불가능하기 때문이다. 둘째, 우리가 하나님께서 계시하신 말씀에 대해서는 실제적이고 유효한 지식을 충분히 얻을 수 있다는 사실이다. 성경을 통한 구원에 이르는 지식은 항상 참되고 명료하게 전달되기 때문이다.

> 오묘한 일은 우리 하나님 여호와께 속하였거니와 나타난
> 일은 영구히 우리와 우리 자손에게 속하였나니 이는 우리로
> 이 율법의 모든 말씀을 행하게 하심이니라 _ 신명기 29:29

종교개혁자 존 칼빈(John Calvin, 1509-1564)은 부모가 어린 자녀들에게 어린 아이의 말투를 사용하는 것처럼, 하나님께서 인간이 알아들을 수 있도록 항상 말을 더듬으신다고 하였다. 하나님께서 우리에게 맞추시는 것은 무한한 하나님과 그의 형상인 유한한 인간의 무한한 본질적 차이 때문이다.

그렇기에 우리는 하나님의 오묘하신 계획을 다 알 수 없다. 우리는 하나님과의 본질적 차이를 인정하고 하나님을 경외하는 것이 우리의 본분임을 기억하며 겸손히 보다 낮아지는 자세를 겸비해야 한다.

4. 복음의 진전

복음은 성경의 구원 역사 가운데 진전되어 나타난다. 구원을 향한 복음이 언약의 갱신과 확장 가운데서 구체적으로 주어진다. 다시 말해, 성경 속에 나타나는 복음은 언약의 틀 가운데 하나님 나라 성취를 향해 더 크고, 더 깊은 차원으로 확장되어 주어진다. 그런 의미에서 복음을 구체적으로 이해하기 위해서는 성경 전반에 대한 기본적인 이해의 틀이 갖추어져야 한다.

1) 하나님의 주권적 활동

하나님께서 창조하신 그의 형상들인 사람들에게 자신의 뜻을 계시하기 위해 주신 성경은 하나님의 목적들과 의도들, 하나님의 말씀에 기초한 활동들, 하나님의 활동들에 대한 해석들로 가득하다.

그런 의미에서 성경 연구 자세 중 가장 중요한 관심사는 무엇일까? 바로 하나님의 활동들을 면밀히 파악하여 그가 인간 역사 가운데서 어떠한 일들을 행하셨는지, 그리고 우리에게 말씀하시고자 하는 바가 무엇인지를 이해하는 것이다. 또한 이 모든 것들을 통해 하나님이 어떤 분이신지를 알아가는 것이다.

2) 구원 역사

성경은 단순히 문학 작품으로 읽혀서는 안 된다. 성경은 하나님께서 목적을 가지고 쓰신 책이기에 신학적 역사인 '구원 역사'로 이해해야 한다. 다시 말해, 성경을 통해 하나님과 그의 뜻하신 바를 깨달아 알기 위해서는, 하나님의 주권적 역사 가운데 일어나는 구원 역사에 따라 성경을 읽어야 한다.

예를 든다면, 사사들이나, 선지자들, 왕들이 행한 놀라운 일들이 중요한 것이 아니라, 하나님께서 이스라엘 백성들에게 어떤 놀라운 일들을 행하셨고, 또한 왜 행하셨는지가 중요하다는 것이다.

그렇기에 성경에서 중요한 부분인 하나님이 어떤 분이신지, 인간을 창조한 목적은 무엇인지, 인간은 어떤 존재인지, 하나님의 복과 심판은 무엇인지, 죽음 이후의 세계는 어떠한지 등과 같은 것을 주의 깊게 살펴야 하고, 그것을 살펴나갈 때 자연스럽게 성경이 기록된 목표에 다가갈 수 있게 된다. 성경의 목표는 모든 사람이 하나님의 구원을 통해 하나님 나라로 인도되고, 그의 나라를 건설하는 것이다.

> 내가 너로 여자와 원수가 되게 하고 네 후손도 여자의 후손과 원수가 되게 하리니 여자의 후손은 네 머리를 상하게 할 것이요 너는 그의 발꿈치를 상하게 할 것이니라 하시고
> _ 창세기 3:15

하나님의 목표인 온전한 하나님 나라를 이루기까지 그가 보이신 구원 역사가 어떠한지에 대한 지식이 우리에게 요구된다. 그렇다면 구원 역사의 특징은 무엇일까? 세 가지로 살펴보자.

첫째, 구원 역사는 점진적 역사이다. 하나님께서 천지를 창조하시면서 사람과 언약을 맺으시고, 그 최초 언약을 맺은 사람이 죄를 지어 언약이 깨어지고, 그 희미한 진리를 하나님께서는 여러 시대를 거치면서 여러 언약들을 통해 이어가시다가, 예수님의 성육신과 십자가와 부활 사건을 통해 더 분명히, 더 밝게 드러내셨다.

둘째, 구원 역사는 그리스도 중심적 역사이다. 구약 성경에 계시 된 노아의 홍수, 출애굽, 그리고 왕정 시대의 기름 부음 받은 자들을 통한 구원 역사는 그리스도에게서 성취될 모든 약속과 소망을 보여주는 그림자의 역할을 한다. 그리고 예수님 안에서 그림자들은 걷히고, 분명하고도 완전하게 성취가 되었다.

> 우리는 다 양 같아서 그릇 행하여 각기 제 길로 갔거늘
> 여호와께서는 우리 모두의 죄악을 그에게 담당시키셨도다 _
> 이사야 53:6

셋째, 구원 역사는 언약 중심적 역사이다. 우리는 흔히 성경의 구조를 '창조-타락-구속'으로 구분한다. 이 '창조-타락-구속'의 구조 속에 흐르고 있는 개념은 바로 '언약'이다. 전능하

신 하나님께서 무에서 온 우주만물을 창조하셨고, 자신의 형상으로 지으신 인간이 그 피조성과 하나님의 절대주권을 부인하고자 하는 죄를 범한 결과, 인간은 하나님과의 관계가 단절되는 심판을 받게 된다. 하지만 하나님께서는 그의 일반은총에 따라 창조하신 우주 만물을 존속케 하시고, 그의 특별은총에 따라 창세 전에 구원하기로 택하신 자들을 구원하시는데, 그 구원의 수단으로 언약을 사용하신다.

그 언약 안에 담겨 있는 하나님의 약속을 가장 잘 보여주는 것은 '아브라함 언약'이다. 아브라함에게 하신 하나님의 언약의 요소는 다음과 같다. 아브라함의 후손들이 이루게 될 백성, 그들이 살게 될 땅, 그리고 그들이 하나님의 백성이 됨으로써 성립되는 하나님과의 관계이다.

이 언약적 관계가 이후에 나타나는 모든 약속의 토대가 되는데, 그 모든 약속이 가리키는 바는 바로 하나님 나라이다. 즉 하나님의 나라는 다스리시는 하나님, 다스림을 받은 백성들, 그리고 다스림이 나타나는 영역, 이 세 가지 요소로 이루어진다.

하나님께서는 이 땅 가운데 눈에 보이는 하나님 나라를 계시하셨다. 에덴동산, 이스라엘의 역사, 예언, 그리스도이다. 특별히 앞의 세 가지는 하나님 나라의 약속과 그림자로서의 역할을 하였다면, 마지막 그리스도는 친히 하나님 나라의 도래와 완성을 드러냈다. 이와 같이 구원 역사는 점진적으로 그 복음의 충만한 의미를 계시하고 있다.

이제 그 복음의 충만한 의미를 하나님, 언약, 구원, 그리고 교회의 관점에서 그 깊고 오묘한 복음이 무엇을 말하고 있는지 함께 살펴보자.

1장 * 복음 — 하나님을 말하다

1. 하나님은 누구신가

2. 삼위일체 하나님

3. 하나님의 섭리

Gospel, Tell the God

복음이란

삼위일체 하나님께서

인간에게 말씀하시고,

인간을 위해 성취하시고,

인간에게 복 주시는 복된 소식이다.

Tell the Gospel

1장 _ 복음, 하나님을 말하다

Gospel, Tell the God

만물이 그로 말미암아 지은 바 되었으니

지은 것이 하나도 그가 없이는 된 것이 없느니라

요한복음 1:3

우리의 신앙고백은 성부 하나님을 우리의 창조주로, 성자 예수님을 우리의 구원자로, 성령 하나님을 우리의 성화주로 말한다. 그와 같이 영원한 작정과 창조와 섭리하심으로 우리 몸과 영혼의 모든 필요를 채우시는 분이 바로 우리 하나님이시다. 그렇다면 우리는 그 하나님을 더 깊이 알아야 할 것이다.

1. 하나님은 누구신가?

하나님은 살아서 역사하시는 인격적인 영이시다. 하나님께서는 그가 창조한 모든 창조물들과 비교할 때 그 존재와 능력에 있어서 질적으로 다른, 영원하고 무한하신 분이시다. 하나님께서는 자신이 여호와이심(출 3:15)과 태초에 천지를 창조하신 분(창 1:1)으로 스스로 계시하신다.

> 하나님이 또 모세에게 이르시되 너는 이스라엘 자손에게 이같이 이르기를 너희 조상의 하나님 여호와 곧 아브라함의 하나님, 이삭의 하나님, 야곱의 하나님께서 나를 너희에게 보내셨다 하라 이는 나의 영원한 이름이요 대대로 기억할 나의 칭호니라 _ 출애굽기 3:15

성경은 영원하신 하나님을 그의 본체와 속성으로 말하고 있다. 각각의 속성들은 한 본체 안에서 '조화적인 전체'를 형성하여 분리할 수 없는 하나를 이루고 있다.

예를 들어, 하나님께서는 완전히 사랑의 하나님이시며, 동시에 완전히 공의의 하나님이시다. 다시 말해, 하나님 안에서 사랑과 공의는 결코 충돌하지 않으며, 분리되지도 않으며, 사랑도 100%, 공의도 100% 충족된 상태로 하나님 안에 거한다. 그와 같이 완전하신 하나님께서 살아 계시다는 사실을 귀신들도 알 듯이 변함없는 진리임에 틀림이 없다(약 2:19).

> 네가 하나님은 한 분이신 줄을 믿느냐 잘하는도다 귀신들도 믿고 떠느니라 _ 야고보서 2:19

우리는 하나님으로 말미암아 모든 만물이 창조되었음을 인정해야 한다. 이 말의 의미는 창조된 모든 만물은 유한한 피조물이며 영원한 창조주를 통해 존재한다는 것이다. 그렇기에 유한한 피조물에 불과한 인간이 무한한 하나님을 그 제한된 이성과 경험으로 완벽하게 다 이해할 수는 없다. 우리와 하나님의 무한한 질적 차이로 인해 우리는 전적으로 하나님께서 계시하여 주시는 것에 한해서만 하나님을 알 수 있음을 인정해야 한다.

우리는 오직 특별히 기록된 계시의 말씀을 통해 구원에 이르는 유효한 지식을 얻을 수 있다. 하나님의 불가완해성은 하나님과 인간의 질적 차이를 마음에 심어주며, 창조주 하나님을 향한 경외심이 인간의 본분임을 깨닫게 한다. 우리는 불가완해성을 전제로 하되 말씀 안에서 하나님을 최대한 이해하도록 노력해야 한다.

2. 삼위일체 하나님

성경은 하나님을 영원부터 항상 계셨던 분으로 말한다. 이것은 하나님께서 자기를 스스로 창조한 것이라 하지 않고, 자존(self-existence)하신다는 말이다. 만약 하나님께서 자신을 스스로 창조하셨다면, 하나님도 창조되기 전에 이미 존재해야만 하는 논리적 모순을 가지게 된다. 하지만 하나님께서 자존하신다는 것은 그 자체 안에 존재의 힘을 스스로 가지고 있으시다는 말이다. 그렇기에 스스로 존재하시는 하나님께서는 영원에서 영원에 이르기까지 항상 계시는 분이시다.

> 하나님이 모세에게 이르시되 나는 스스로 있는 자이니라 또 이르시되 너는 이스라엘 자손에게 이같이 이르기를 스스로 있는 자가 나를 너희에게 보내셨다 하라 _ 출애굽기 3:14

하나님은 영원하시기에, 시작이 없으시고, 자신보다 앞서 있는 그 어떤 원인도 가지지 않으신다. 하나님은 자신의 존재 근거를 스스로 가지시는 자존하시는 하나님이다. 하나님은 만유 이전에도 스스로 존재하시며 또한 만물은 그를 통하여 존재하게 된다. 하나님은 누군가의 도움이 필요 없이 스스로, 영원히 충족하시는 분이시다.

1) 삼위일체의 정의

성경에 계시 된 자존하시는 하나님은 성부 하나님(하나님 아버지), 성자 하나님(예수님), 성령 하나님(성령님)으로 표현된다. 또한 동시에 하나님은 한 분이라고 말한다(신 6:4). 이를 신학적으로 '삼위일체(三位一體) 하나님'이라 한다. 하나님은 성부, 성자, 성령 삼위(三位)로 존재하시면서도 동시에 한 하나님(一體)이시다.

> 그러므로 너희는 가서 모든 민족을 제자로 삼아 아버지와
> 아들과 성령의 이름으로 세례를 베풀고 내가 너희에게 분부
> 한 모든 것을 가르쳐 지키게 하라 볼지어다 내가 세상 끝날
> 까지 너희와 항상 함께 있으리라 하시니라 _ 마태복음
> 28:19-20

삼위일체 하나님은 신약 성경에만 나타나는 증거가 아니다. 구약 성경에서도 하나님은 오직 한 분이심(신 6:4-5; 출 15:11; 왕상 8:60; 사 44:6-45:25)과 동시에 복수 형태로(창 1:26; 3:22; 11:7; 사 6:8 등) 표현되고 있다. 성자 예수님의 성육신으로 시작하는 신약 성경에서도 자신을 '하나님'(막 2:10) 혹은 '하나님의 아들'(마 16:16)로 말하면서도 동시에 오직 한 하나님이심을 증거하고 있음을 분명하게 보게 된다(막 12:29; 고전 8:4-6; 엡 4:6; 딤전 2:5; 롬 3:30; 약 2:19). 그는 우리를 구원하시고자 하나님과 본성적 동등함을 취하지 않으셨지만, 하나님께서 그로 '주'가 되게 하셨으며 영광 받으셨다(빌 2:5-11). 또한 성령 하나님 역시도 '하나님의 영'(고전 3:16), '또 다른 보혜사'(요 14:16), 그리고 '진리의 성령'(요 16:13) 등으로 표현되며, 성부와 성자 하나님으로부터 보냄을 받음과 동시에 동등한 본성을 소유하신 완전한 분으로 드러난다.

> 주 예수 그리스도의 은혜와 하나님의 사랑과 성령의 교통
> 하심이 너희 무리와 함께 있을지어다 _ 고린도후서 13:13

우리는 『웨스트민스터 신앙고백서』를 통해 삼위일체 교리를 세 가지 명제로 받아들인다. 첫째, 하나님은 삼위로 계신다. 둘째, 각 위는 완전한 하나님이시다. 셋째, 하나님은 오직 한 하나님이시다.

즉, 삼위 하나님께서는 서로 구별되고 혼합되지 않고 각각의 정체성을 가지신 세 인격체시며, 모두 완전한 하나님이시며, 각각 완전히 단일한 신성(능력과 영원성)과 동일한 본질을 가지신 한 하나님이시다.

2) 이단적 가르침

삼위일체 교리는 기독교의 모든 교리를 총괄하며 그 바탕이 되는 '기독교의 심장'과도 같다. 하지만 삼위일체 교리 자체가 불가완해적인 요소를 전제하고 있는 신비 중에서도 신비이기에, 많은 오해와 잘못된 가르침을 불러낸 것도 사실이다.

> 나의 복음과 예수 그리스도를 전파함은 영세 전부터 감추어졌다가 이제는 나타내신 바 되었으며 영원하신 하나님의 명을 따라 선지자들의 글로 말미암아 모든 민족이 믿어 순종하게 하시려고 알게 하신 바 그 신비의 계시를 따라 된 것이니 이 복음으로 너희를 능히 견고하게 하실 지혜로우신 하나님께 예수 그리스도로 말미암아 영광이 세세무궁하도록 있을지어다 아멘 _ 로마서 16:25-27

먼저 『웨스트민스터 신앙고백서』의 세 명제 중 하나를 부인함으로써 삼위일체론을 나름 합리적으로 설명하려는 시도가 있었다.

첫째, '하나님은 삼위로 계시다'를 부인하는 '양태론적 단일신론자'(소위 사벨리우스주의자 혹은 양태론자)가 있다. 이들은 하나님께서 삼위로 계심을 부정하고 한 분 하나님의 단일성만 강조한다. 한 분 하나님께서 다른 시기, 다른 형태, 다른 이름, 다른 단계로 나타내신다는 뜻이다.

즉 양태론은 한 하나님이 구약 시대에는 성부 하나님으로, 복음 시대에는 성자 하나님으로, 오순절 이후 신약 시대에는 성령 하나님으로 나타내셨다고 주장한다. 하지만 이들은 성자 예수님의 세례에서 드러나듯이 삼위 하나님께서 개별적인 인격체이며, 개인적인 관계 가짐(요 1:14-18; 15:26; 갈 4:6; 마 3:16-17)을 부인했다. 그래서 이단으로 정죄 받았다.

> 내가 여호와의 명령을 전하노라 여호와께서 내게 이르시
> 되 너는 내 아들이라 오늘 내가 너를 낳았도다 _ 시편 2:7

둘째, '각 위는 완전한 하나님이시다'를 부인하는 '양자론적 단일신론자'(소위 아리우스주의, 성자종속설)가 있다. 이들은 성자 예수님과 성령 하나님의 완전한 신성을 부인하고, 오직 성부 하나님만이 완전 유일한 참된 하나님이시다고 주장한다. 성자 예

수님은 모든 만물보다 '먼저 나신 자'(골1:15)인 피조물이시며, 모든 사람보다 위대하지만, 신성에 있어서 성부와 동일하지 않다는 말이다.

> 그는 근본 하나님의 본체시나 하나님과 동등됨을 취할 것으로 여기지 아니하시고 오히려 자기를 비워 종의 형체를 가지사 사람들과 같이 되셨고 사람의 모양으로 나타나사 자기를 낮추시고 죽기까지 복종하셨으니 곧 십자가에 죽으심이라 _ 빌립보서 2:6-8

이들은 성자 예수님께서 '근본 하나님의 본체'(빌 2:6)이심을 부인한 결과, 콘스탄티노플 공의회(A.D. 381) 이후로부터 이단으로 정죄 받았다.

셋째, '하나님은 오직 한 하나님이시다'를 부인하는 '삼신론자'가 있다. 이들은 세 인격체가 모두 완전한 하나님이시니, 하나님은 각기 완전히 구별되는 세 분으로 계신다고 주장한다.

> 이스라엘아 들으라 우리 하나님 여호와는 오직 유일한 여호와이시니 너는 마음을 다하고 뜻을 다하고 힘을 다하여 네 하나님 여호와를 사랑하라 _ 신명기 6:4-5

그래서 이들의 주장은 삼위 하나님께서 일체로 존재하시는 한 분이심(신 6:4)을 부인하는 이단으로 정죄 받았다.

3) 잘못된 해설

우리는 삼위일체 교리를 믿는다. 하지만 잘못된 비유로 삼위일체 교리를 그럴싸하게 설명하는 시도들로 인해 잘못된 이해를 접하게 된다. 예를 들어, 물(H2O)의 세 형태(물, 얼음, 수증기), 한 사람의 세 역할(아들, 남편, 아버지)을 통한 유비를 말한다. 하지만 각각의 형태와 역할이 동시에 존재할 수도 없고, 상호 간에 동시적으로 교제할 수 없기에 삼위일체 교리에 대한 정확한 비유로 부적절하다. 이와 같은 이해는 결국 '양태론적 해설에 지나지 않는다. 일부는 설명되지만, 전부를 다 담아내지 못하는 한계가 분명하다.

또한 학교에서는 1+1+1=3이고, 교회에서는 1+1+1=1로 배운다고 비판하지만, 이것 역시 잘못된 이해에서 비롯된 비판이다. 삼위일체 교리는 "삼위가 일위이다"고 말하거나, "세 개체가 한 개체이다'라고 주장하지 않는다. 삼위는 보편적 의미에서 세 분, 세 개체가 아니라 한 본질 안에서 세 가지 양상이요 형태로써, 삼위로 계신 하나님께서 동시에 한 분이시다는 말이다.

우리는 삼위일체 교리를 기록된 계시의 말씀인 성경에 기초하여 오직 믿음으로 받아들이며 그 하나님과 생명적인 연합과 교제를 통하여 분명히 깨닫고 확신한다. 이와 같은 확신은 완전한 이해에 근거하는 것이 아니라, 오직 성경에 근거하여 성경이 우리에게 그것을 가르치고, 성령님께서 우리 마음속에 친히 증거 하여 믿게 하시기 때문이다.

예수께서 세례를 받으시고 곧 물에서 올라오실새 하늘이
열리고 하나님의 성령이 비둘기 같이 내려 자기 위에 임하
심을 보시더니 하늘로부터 소리가 있어 말씀하시되 이는 내
사랑하는 아들이요 내 기뻐하는 자라 하시니라 _ 마태복음
3:16-17

4) 성령님을 통한 삼위일체 설명

성경에 보면 성령님에 대한 여러 가지 이름들이 있다. 이름
이란 어떤 사물을 다른 것과 구별하여 부르는 일정한 칭호를
뜻한다. 그렇기에 그 이름에는 그것이 어떤 것인지에 대한 고
유성이 담겨 있고, 그 존재의 특징이 담겨 있다. 그러면 성경에
서 성령님을 어떤 이름으로 부르고 있는가? 핵심적으로 부르는
것이 하나님의 영(롬 8:9), 예수의 영(롬 8:9), 양자의 영(롬 8:15),
진리의 영(요 14:17), 보혜사(요 14:16) 등이다. 이런 성령님의 이
름을 토대로 삼위일체를 이해하여 보자.

첫째, 성령님은 하나님의 영이시다. 하나님의 영이기에 성령
님은 하나님과 떼려야 뗄 수 없는 관계임을 알 수 있다. 이것
은 사람을 예를 들어 설명할 수 있다. 우리도 몸과 영혼을 가
지고 있다. 사람의 영혼과 육체는 구분되지만, 몸 없는 영혼이
없고, 영혼 없는 몸이 없듯이 사람은 전인 혹은 영육통일체로
존재한다. 즉 몸과 영혼은 하나인데, 이는 모든 것을 함께 공유
하고, 알고, 행동하기 때문이다. 만약 몸과 영혼이 분리가 된다
면 그것은 살아있는 상태가 아니라 죽었다고 말을 한다. 그러

면 성령님은 하나님의 영이시기에 하나님께서 생각하시는 모든 것을 함께 공유하신다. 하나님께서 무엇인가를 하실 때도 모든 것을 함께 하신다. 하나님과 떼려야 뗄 수 없는, 존재론적으로는 분명히 둘로 구별되지만 실제로 행함을 볼 때 한 분임을 알 수 있다. 즉 이 세상에서 드러나는 하나님의 하시는 일을 통해 그가 이미 존재론적 삼위일체이심을 나타낸다.

둘째, 성령님은 예수님의 영이시다. 앞선 설명과 마찬가지로 성령님께서 예수님의 영이시기 때문에 예수님과 떼려야 뗄 수 없다. 예수님의 모든 생각을 함께 공유하신다. 예수님께서 행하시는 모든 것들을 함께 하신다. 성령님과 예수님 역시 존재론적으로는 분명히 둘로 구별되지만 실제로 행함을 볼 때 한 분임을 알 수 있다.

셋째, 성령님을 통한 하나님과 예수님과의 관계이다. 성령님은 '하나님의 영' 혹은 '그리스도의 영'(롬 8:9)으로 불리심은 성령님께서 영원히 아버지와 아들로부터 나오심을 의미하며(요 14:26; 16:7; 웨스트민스터 신앙 고백서』II:3), 본질뿐 아니라 구원 사역에 있어서도 동일하신 분임을 말한다. 그렇기에 동일 본질이신 성령님께서는 성부와 성자의 뜻을 정확히 알고 일하시며, 행하신다. 그렇기에 존재론적으로는 성부, 성자, 성령으로 나누어져 있는 것처럼 보이지만, 실제로는 한 몸으로써 한 방향으로 함께 나아가는 것이다. 즉 성부, 성자, 성령 하나님께서는 그 존재와 사역에서 삼위일체로 분명히 드러난다.

넷째, 성령님은 양자의 영이시다. 하나님께서는 예수님을 통해 이 양자의 영이신 성령님을 우리에게 선물로 주신다. 우리 안에 그리스도의 영을 가짐은 삼위 하나님과 우리가 신비한 관계를 가질 수 있음을 말해준다. 이 성령님으로 말미암아 우리가 삼위 하나님의 하나 됨에 초대되는 것이다.

이것이 우리에게 의미하는 바는 너무나 크고 중요하다. 왜냐하면 우리가 더 이상 하나님을 무서워하는 종이 아니라 아들로 여겨지기 때문이다. 즉 성령님을 우리에게 주셔서 예수님을 믿게 하시고, 법적으로 하나님을 아버지라 부를 수 있고, 하나님의 아들 대우를 받게 하심이다. 이것은 다른 말로 신앙생활이라는 것은 성령님을 통해 입양된 자녀로서 삼위 하나님이 어떤 분이신지를 알아가는 것이요, 동행하는 것이라 말할 수 있다. 이것을 안다면 우리의 신앙생활의 목표가 달라질 것이다. 하나님이 주시는 복이 목표가 되는 것이 아니라, 하나님 그 자체가 우리의 신앙 목표가 된다. 그러면 더 이상 이 땅에 있는 것에 욕심을 내고, 내 뜻을 이루기 위해 하나님을 이용하지 않게 된다. 하나님의 뜻에 내 뜻을 맞추게 되고, 하나님이 주신 것에 감사할 수 있게 된다. 온전히 하나님께로만 내 초점이 맞춰지게 되는 것이다. 그러면 그곳이 바로 하나님의 주권, 즉 하나님의 통치가 이루어지는 하나님의 나라, 천국이 되는 것이다.

5) 삼위일체 교리의 중요성

삼위일체 교리는 기독교 신앙의 핵심이요, 우리의 신앙고백과 신앙생활 속에 살아 움직이는 분명한 실재이다. 모든 그리스도인은 삼위일체 하나님의 이름으로 세례를 받고, 기도하며, 예배를 드리고 또한 복을 받는다. 실제 우리의 신앙생활에 있어서 가장 중요한 교리가 바로 삼위일체 교리이다. 이 삼위일체 교리의 중요성을 다섯 가지로 정리할 수 있다.

첫째, 삼위일체 교리는 우리의 구원과 밀접하게 관련이 있다. 하나님의 구속 사역은 그 성격상 철저히 삼위일체적이다. 그것은 성부의 사랑, 성자의 대속의 은혜, 성령의 교통하심으로 요약된다.

둘째, 삼위일체 교리는 우리의 기도와 밀접하게 관련이 있다. 우리는 그리스도를 통해 하나님을 아버지로 부르며 성령님 안에서 기도할 수 있다. 이처럼 기도할 때 우리는 이미 삼위일체 하나님과의 생명과 사랑을 실제적으로 경험하고 있다.

셋째, 삼위일체 교리는 우리의 신앙생활의 목표가 무엇인지를 분명하게 보여준다. 우리의 신앙의 목표는 삼위 하나님과 온전한 하나 됨을 누리는 것이다. 이 하나 됨을 누리기 위해 무엇을 해야 하고, 어떻게 살아갈지를 말씀이 이미 다 기록하셨다.

넷째, 삼위일체 교리는 천국이 어떤 곳인지를 경험하게 해준다. 천국은 하나님께서 통치하시고, 다스리시는 곳이다. 내가 이 땅에서 삼위 하나님을 알고, 그의 뜻을 알고 행한다면, 내가 밟는 모든 곳은 천국이 된다.

다섯째, 삼위일체 교리는 하나님께서 나를 얼마나 사랑하시는지를 너무나도 잘 보여준다. 하나님은 나를 얼마나 사랑하시고, 얼마나 큰 은혜를 베풀어 주시는가? 성부 하나님께서 성자 하나님을 사랑하시는 것처럼 똑같이 나를 사랑하신다. 성부 하나님께서 성자 하나님께 은혜 베풀어 주시는 것처럼 똑같이 나에게도 은혜를 베풀어 주시고 있다. 그것을 삼위일체 교리를 통해 알 수 있다.

> 그러므로 우리가 여호와를 알자 힘써 여호와를 알자 그의
> 나타나심은 새벽 빛 같이 어김없나니 비와 같이, 땅을 적시
> 는 늦은 비와 같이 우리에게 임하시리라 하니라_호세아 6:3

삼위일체 하나님은 우리 기도의 오직 한 대상이시며, 모든 복의 유일한 원천이 되신다. 이처럼 삼위일체 하나님에 대한 우리의 신앙고백에서 기독교의 심장이 뛰고 있으며, 삼위일체 교리는 실로 기독교 신앙의 생명적 원천이 된다. 그렇기에 우리는 말씀을 통하여 다른 것보다 더욱더 힘써 삼위일체를 알기 위해 노력을 해야 할 것이다.

3. 하나님의 섭리

1) 하나님의 절대주권

하나님께서는 모든 만물에 대해 가장 고귀하고 절대적이고 직접적인 지배권과 통치권을 자신의 기뻐하시는 뜻 안에서 행하신다. 이것이 하나님의 절대주권이다. 하나님께서 궁극적으로 절대 통치자가 될 수 있는 것은 천지 만물을 창조하신 창조주이시기 때문이다. 피조 된 모든 것이 하나님의 것이기에 하나님께서는 그의 소유권 위에서 절대적 권리를 가지심이 당연하다(마 20:15).

> 여호와께서 그의 보좌를 하늘에 세우시고 그의 왕권으로
> 만유를 다스리시도다 _ 시편 103:19

하나님의 주권을 논할 때 우리가 오해해서는 안 되는 것이 있다면 그것은 바로 이 세상에는 우연으로 일어나는 일이 없다는 것이다. 우리 눈에는 우연으로 보인다 할지라도 하나님께서는 그의 목적을 달성하기 위해 일하신다. 참새 한 마리도 하나님의 허락하심이 없이는 땅에 떨어지지 않듯이, 우리의 머리카락을 다 세신 바 되신 하나님께서는 우리의 삶의 모든 것들을 다 주관하고 계신다.

하나님의 주권은 맹목적으로 그의 능력을 발휘하는 차원에서의 주권이 결코 아니다. 하나님께서는 그의 모든 속성들 안에서 주권을 행사하고 유지하신다. 그렇기에 우리 삶의 모든 현

상 배후에 하나님이 계심을 우리는 기억해야 한다.

> 오직 주는 여호와시라 하늘과 하늘들의 하늘과 일월 성신
> 과 땅과 땅 위의 만물과 바다와 그 가운데 모든 것을 지으
> 시고 다 보존하시오니 모든 천군이 주께 경배하나이다 _ 느
> 헤미야 9:6

우리는 하나님의 역사하시는 손을 바라보며 그의 살아계심, 그의 일하심, 그리고 그의 주권을 믿음으로 고백한다. 심지어 우리는 우리의 호흡과 우리의 믿음과 우리의 모든 소망까지도 오직 하나님의 절대주권에 따름을 알고 확신하는 자리까지 나아가야 한다. 그리할 때 비로소 우리는 죄의 종에서 해방된 진정한 하나님의 자녀로서 완전한 자유를 누릴 수 있게 될 것이다.

2) 하나님의 계획

우리 하나님께서 그의 자녀인 우리를 향해 "선하시고 기뻐하시고 온전하신 뜻"(롬 12:2)을 가지고 계신다. 이것을 안다면 우리는 하나님의 주권적 역사에 기꺼이 순복하게 된다. 그러면 우리는 하나님의 주권적 뜻을 어떻게 알 수 있을까? 세 가지로 살펴보자.

내가 시초부터 종말을 알리며 아직 이루지 아니한 일을
옛적부터 보이고 이르기를 나의 뜻이 설 것이니 내가 나의
모든 기뻐하는 것을 이루리라 하였노라 _ 이사야 46:10

첫째, 우리는 하나님의 뜻을 성경을 통해 알 수 있다. 물론 우리는 나 자신의 특수하고 구체적인 일들을 성경에서 직접적으로 찾지는 못한다. 하지만 성경을 통한 삶의 원리를 우리는 발견할 수 있다. 원리를 발견한다면 그것을 우리의 삶에 구체적으로 적용할 수 있다.

둘째, 우리는 하나님의 뜻을 하나님과의 교제를 통해 알 수 있다. 이것은 다른 말로 말씀을 늘 묵상하며 하나님의 마음을 알기 위해 노력한다면 하나님의 뜻을 분별할 수 있는 지혜를 얻을 수 있게 되는 것이다.

셋째, 우리는 하나님의 뜻을 순종을 통해 알 수 있다. 하나님의 뜻을 아는 길은 예수님께서 자신의 생명과 의지를 포기하시어 하나님의 말씀에 온전히 순종하였던 것처럼, 우리도 하나님의 말씀에 온전히 순종하게 되면 하나님의 뜻을 알 수 있게 되는 것이다.

이와 더불어 우리는 하나님의 뜻을 발견하는 일에 있어서 참으로 겸손해야 하고, 서두르거나 소심하게 행동하지 말고, 오직 믿음으로 인내하며 그의 뜻을 분별하는 일에 최선을 다해야 한다. 우리는 그 뜻을 알고 실천하며 하나님의 형상으로써 그를

닮아가는 것에 우리 삶의 목표를 두어야 한다.

3) 하나님의 창조

우리는 창세기 1:1을 읽을 때마다 창조주 하나님의 위대하심에 감탄한다. '태초에'를 읽을 때 영원하신 하나님의 창조 사역의 시작을 알리는 그 힘과 의지가 우리의 심장을 뛰게 하기 때문이다.

하나님께서는 그 어떠한 것도 없는 상태에서 오직 말씀으로 그의 명령에 의해 만물을 창조하셨다. 하나님께서는 오직 '있으라'라는 명령으로 '무'에서의(ex nihilo) 창조를 이루셨다. 오직 그의 말씀이면 충분했고, 그 말씀으로 창조하시고 보존하며, 그 목적으로 인도하시기에 충분하다.

태초에 하나님이 천지를 창조하시니라 _ 창세기 1:1

하나님께서는 세상을 창조한 이후 자신의 형상으로 창조한 인간을 통해 그 모든 피조물들을 통치하고 보존하고자 했다. 현재 우리가 계속해서 호흡을 할 수 있고, 이 땅 가운데 우리의 일을 할 수 있고, 안전하게 이 땅에서 하나님께 예배할 수 있는 것 역시 하나님께서 만물을 계속해서 유지하고 보존하고 계시기 때문이다.

> 이는 만물이 주에게서 나오고 주로 말미암고 주에게로 돌아감이라 그에게 영광이 세세에 있을지어다 아멘 _ 로마서 11:36

우리는 성경에 근거하여 하나님께서는 살아계시고, 말씀으로 만물을 창조하시고, 우연이 아닌 하나님의 계획과 목적으로 질서 정연하게 창조되었음을 고백한다. 이런 고백이 있다면 하나님께서 창조하신 이 세상에 대해 항상 감사를 드려야 하며, 하나님께서 만물 안에 계시하신 하나님의 뜻을 항상 즐거워해야 한다. 그뿐 아니라, 하나님의 계획과 질서 속에서 그의 영광을 위해 하나님을 예배하고 모이는 일에 우리는 최선을 다해야 한다.

4) 하나님의 예정

하나님의 창조물인 인간은 그의 절대주권과 영원한 목적 안에 항상 존재한다. 항상 존재한다는 것은 하나님께서 그렇게 하시기로 작정하셨고, 그렇게 행하시고 있다는 것을 의미한다. 이것을 두고 하나님의 예정이라고 한다.

그렇다면 하나님의 예정이란 무엇일까? 그것은 영원부터 아무런 조건 없이 인간인 우리를 예수 그리스도 안에서 구원하시기 위해 내리신 하나님의 영원한 결정을 의미한다(엡 1:11). 이 영원한 결정은 이중적이다. 이중적이다는 것은 하나님께서는 세상을 창조하기 전에 이미 누군가는 구원하기로 선택하셨고, 누군가는 구원하지 않기로 버리셨다는 것이다.

> 곧 창세 전에 그리스도 안에서 우리를 택하사 우리로 사랑 안에서 그 앞에 거룩하고 흠이 없게 하시려고 그 기쁘신 뜻대로 우리를 예정하사 예수 그리스도로 말미암아 자기의 아들들이 되게 하셨으니 이는 그가 사랑하시는 자 안에서 우리에게 거저 주시는 바 그의 은혜의 영광을 찬송하게 하려는 것이라 _ 에베소서 1:3-5

예정에 있어서 우리가 주의해야 할 점이 있다. 그것은 하나님의 예정은 우리가 생각하는 것보다 더 광대하고, 이해하기 힘들다는 것이다. 인간의 머리로 하나님의 생각을 다 이해할 수가 없다. 그렇기에 하나님의 예정을 우리의 머리로 다 이해할 수 있다는 생각은 처음부터 버려야 한다.

그리고 이 예정은 전적인 하나님의 주권임을 인정해야 한다. "영생을 주시기로 작정된 자는 다 믿더라"(행 13:48)는 말씀은 믿음으로 인해 특정 인간이 선택되는 것이 아니라, 하나님께서 선택하셨기 때문에 우리가 믿게 된다는 말이다. 인간의 믿음 역시 인간의 공로가 아니라 하나님의 주권적 은혜에 의한 선물임을 말씀하고 있다.

우리는 하나님의 절대주권 아래에 놓여 있기에, 마치 질그릇이 토기장이의 주권에 대하여 항의할 수 없듯이, 우리가 해야 할 일은 바로 우리의 부르심과 택하심을 굳게 하는 것이다(벧후

1:10).

그러면 이 예정에서 우리는 무엇을 할 수 있는가? 우리는 하나님이 아니기 때문에 다른 사람을 향한 하나님의 예정은 알 수가 없다. 하지만 나를 향한 하나님의 예정은 알 수가 있다. 이것을 예수를 믿는 것으로 예를 든다면, 다른 사람이 예수를 정말 믿는지 나는 알 수가 없다. 그 사람의 마음에 들어갈 수도 없고, 그 사람이 무슨 생각을 하고 있는지 모르기 때문이다. 하지만 내가 예수를 믿는지, 믿지 않는지는 알 수 있다. 다른 사람은 몰라도 나는 나의 마음을 알 수 있기 때문이다. 그렇기에 이 예정을 다른 사람에게 적용하여 판단하지 말고, 나에게 적용하여 판단한다면 하나님께서 나를 사랑하심으로 나를 택하셨음을 알게 되고, 이 사실을 믿음으로 주장하며 항상 감사하며 살아갈 수 있다.

5) 하나님의 섭리

우리는 하나님께서 우리의 삶을 그의 뜻하신 목적으로 이끄시기 위해서 하나님의 가장 거룩하고 현명하며 능력 있는 보존과 통치를 행하고 있음을 믿어 의심치 않는다(『웨스트민스터소요리문답』제11문답).

창조주 하나님께서 그의 창조의 능력과 동일하게 자신의 뜻을 따라 모든 피조물들을 섭리하신다. 이것을 세 가지로 설명할 수 있다.

첫째, 하나님께서는 모든 피조물을 존재하게 하신다. 그 존재 자체가 하나님의 섭리하심을 드러내는 것이다.

둘째, 하나님께서는 모든 사건을 친히 간섭하고 계신다. 하나님의 허락 없이 일어나는 일은 단 하나도 없음을 우리는 알 수 있다.

셋째, 하나님께서는 만물을 그 정한 목적에 따라 운행하고 계신다. 하나님께서 자신의 목적을 향해 모든 것을 지도하고 인도하고 계신다.

> 그는 보이지 아니하는 하나님의 형상이시요 모든 피조물 보다 먼저 나신 이시니 만물이 그에게서 창조되되 하늘과 땅에서 보이는 것들과 보이지 않는 것들과 혹은 왕권들이나 주권들이나 통치자들이나 권세들이나 만물이 다 그로 말미 암고 그를 위하여 창조되었고 또한 그가 만물보다 먼저 계시고 만물이 그 안에 함께 섰느니라 _ 골로새서 1:15-17

우리가 만약 이 세상의 가장 하찮은 일(마 10:29-31), 우연으로 보이는 일(잠 16:33), 사람들의 선악 간의 행실(행 14:16; 빌 2:13), 이 모두가 하나님의 통치 아래 있음을 인정한다면, 우리 자신이 하나님의 섭리 가운데 있음을 의심해서는 안 된다. 모든 것을 통치하시는 하나님께서 우리의 삶 역시 그의 손안에서 통치하고 계심을 믿어야 한다.

너희 안에서 행하시는 이는 하나님이시니 자기의 기쁘신
뜻을 위하여 너희에게 소원을 두고 행하게 하시나니 _ 빌립
보서 2:13

우리는 우리의 삶이 하나님의 인도하심 아래 있다고 믿는다. 하지만 우리가 하나님의 뜻대로 살기로 작정하고 그의 영광을 목적으로 달려간다 하더라도 때로는 실수하고, 넘어지는 일들이 참으로 많다. 타의에 의해서든지, 자의에 의해서든지 하나님의 말씀에 불순종하고 죄를 범하는 일이 예수님을 믿는 우리의 삶에서 늘 볼 수 있는 것이 우리의 현실이다.

하지만 하나님께서는 우리가 하나님의 뜻을 명백하게 어기고 그가 원하시는 바와 정반대로 행한다 하더라도 여전히 우리를 향한 하나님의 뜻을 이루어 가신다. 요셉과 그의 형제들 사건을 통해서 보듯이, 하나님께서는 인간의 악행도 사용하시어 선을 이루어 가신다.

그렇다고 하여 하나님께서 죄와 악의 조성자가 되는 것은 결코 아니다. 하나님께서는 죄와 악을 허용하실 뿐, 그 원인과 결과는 전적으로 그것을 행하는 인간에게 있다. 오히려 하나님께서는 그의 의로써 죄를 심판하고 벌주시는 분이심을 기억해야 한다(약 1:13-17).

우리 주 하나님이여 영광과 존귀와 권능을 받으시는 것이
합당하오니 주께서 만물을 지으신지라 만물이 주의 뜻대로
있었고 또 지으심을 받았나이다 하더라 _ 요한계시록 4:11

우리가 호흡하는 동안 우리에게 일어나는 모든 일은 모두 하나님의 계획 가운데 일어난다. 그리고 하나님의 계획하심과 우리의 자유의지가 협력하여 하나님의 선한 목적을 이루어간다. 우리는 전적으로 타락하여 아무 능력이 없지만, 성령 하나님의 도우심으로 인해 하나님을 의지하여 그의 말씀과 명령에 복종하는 것이다. 즉, 예수님처럼 내 뜻은 버리고, 오직 하나님의 뜻에 전적으로 복종하는 것, 그래서 하나님의 살아계심을 이 땅 가운데 드러내고, 하나님의 나라를 선포하는 것이 하나님의 목적에 따라 사는 삶인 것이다.

2장 * 복음 ― 언약을 말하다

Gospel, Tell the Covenant

복음이란

하나님께서 타락한 인간을 위해 언약을 주시고,

그 언약을 통해 회복의 길을 제시하사

타락 전 복된 상태로

하나님의 언약 백성이 되게 하는 복된 소식이다.

Tell the Gospel

2장 _ 복음, 언약을 말하다

Gospel, Tell the Covenant

그러나 그 날 후에 내가 이스라엘 집과 맺을 언약은 이러하니

곧 내가 나의 법을 그들의 속에 두며 그들의 마음에 기록하여

나는 그들의 하나님이 되고 그들은 내 백성이 될 것이라

여호와의 말씀이니라

예레미야 31:33

1. 창조

하나님께서는 오직 말씀으로 아무 것도 없는 무에서 온 우주 만물을 창조하셨다. 그리고 하나님께서는 그 피조 된 세상을 대신 다스리게 하고자 인간을 창조하셨다.

하나님의 영원한 작정 가운데 인간은 모든 창조물과는 달리 특별하게 창조되었다. 하나님께서는 인간을 흙으로 빚으시고 그 코에 생기를 불어 넣어 자신의 형상을 따라 지으셨다.

창세기 1:26을 보면, "하나님이 이르시되 우리의 형상을 따라 우리의 모양대로 우리가 사람을 만들고", 1:27을 보면, "하

나님이 자기 형상 곧 하나님의 형상대로 사람을 창조하시되 남자와 여자를 창조하시고"라고 되어 있다. 여기서 말하는 '하나님 형상' 혹은 '하나님 모양'은 무엇을 나타낼까? 하나님의 외형적이고 육체적인 모습을 의미할까? 그렇지 않다. "하나님은 영이시니"(요 4:24)에서와 같이, 하나님께서는 우리가 단편적으로 이해하는 외형적이고 가시적인 개념에서의 형상을 소유하고 계시지 않으시기 때문이다.

그렇다면 보다 구체적으로 인간 창조에 사용하신 '하나님 형상'은 어떤 의미일까? 먼저, '형상'은 인간 창조가 다른 모든 생명체와 구별된 창조임을 나타냄과 동시에 하나님의 형상으로 창조 된 인간의 특별함 혹은 유일성을 나타낸다. 그리고 '형상'은 대리적 기능 혹은 일의 개념을 의미한다. 창세기 1장의 관점에서 볼 때 '하나님의 형상'은 창조주 하나님께서 소유하신 만물의 통치 권한을 그의 형상인 인간에게 대리하여 맡기신 '기능' 혹은 '일'의 개념을 내포한다. 또한 신약에서의 '형상'은 그리스도 안에서 회복된 의와 거룩함과 지식의 개념을 가리키며, 인간 영혼의 본질적인 자질과 능력을 말한다.

정리를 하면, 하나님의 형상이란, 다른 피조물들과 구별되는 인간의 본질이고, 그를 통해 하나님의 대리자적 역할을 의미하는 특별한 용어이다.

하나님께서는 인간을 자신의 형상으로 선하게, 참된 의와 거룩으로 창조하셨다. 그리하여 인간은 하나님께 찬송과 영광 돌리기 위해 하나님을 그의 창조주로 바르게 알고, 온 마음을 다하여 사랑하며, 영원한 복락 가운데 그와 함께 살아가야 한다.

하지만 인간이 선하고 거룩하게 창조되었음에도 불구하고, 왜 우리에게 하나님의 약속이 주어지고, 왜 중보자가 필요했을까? 그것은 인간의 타락한 본성 때문이다. 그것은 우리의 첫 조상, 에덴동산에서의 아담과 하와의 타락과 불순종으로부터 왔다. 그 타락과 불순종으로 인해 하나님의 형상에 심각한 타격을 입었다. 우리의 본성은 부패 되었고, 죄 가운데 잉태되고, 출생한다. 그렇기에 죄로 인한 이런 결과들 때문에 약속과 중보자가 필요한 것이다.

2. 타락

인간은 다른 피조물들과 달리 유일하게 하나님의 형상으로 창조되었다. 하나님의 형상으로 창조되었다는 말은 인간이 하나님과 교제하며 다른 모든 피조계를 통치하는 대리통치자로서의 일을 이행하도록 지음 받았다는 뜻이다.

> 하나님이 그들에게 복을 주시며 하나님이 그들에게 이르시되 생육하고 번성하여 땅에 충만하라, 땅을 정복하라, 바다의 물고기와 하늘의 새와 땅에 움직이는 모든 생물을 다스리라 하시니라 _ 창세기 1:28

하지만 인간은 하나님으로부터 만물을 대리 통치하는 권한을 부여받았음에도 불구하고, 여전히 피조물로서의 인간은 그 한계성이 분명했다. 그것을 가장 명료하게 보여주는 것이 바로 "선악을 알게 하는 나무의 열매를 먹지 말라"는 하나님의 명령이다.

그러면 하나님께서는 다른 나무의 열매가 아니라 왜 하필 선악을 알게 하는 나무의 열매를 먹지 말라 하셨을까? 이것은 하나님만이 유일하게 선을 정하고, 악을 정하실 수 있는 참된 왕이심을 선언하는 것이다. 사람은 아무리 하나님께 대리 통치자로서의 권한을 받았다 하더라도, 하나님 앞에서는 단지 피조물임을 이 나무의 열매를 볼 때마다 깨달아야 하는 것이다.

우리는 이 관계를 통해 하나님께서 절대주권을 소유하고 있음과 인간은 순종의 태도를 가져야 함을 알게 된다. 하나님께서는 최상의 장소인 에덴동산에서 그의 백성인 인간을 왕으로서 만나신다.

1) 죄의 원인

하나님께서는 에덴동산에 그의 나라를 계시하셨다. 하나님은 창조주이시고, 인간과 온 세상 만물들은 그의 피조물이라는 사실이 하나님 나라를 이해하는 토대가 된다. 그렇기에 창조주와의 관계에 있어서 피조물이 완전한 존재가 될 수 있는 유일한 길은 바로 하나님의 통치 울타리 안에 머무는 것이다.

특별히 하나님의 형상으로 지음을 받은 인간에게 하나님을 대신하여 창조물들을 다스리는 기능이 부여되었다. 그 기능적 측면에서 모든 피조물의 최정상에 위치하는 인간의 독특성은 오직 그 기능을 부여하신 창조주 하나님께 의존해야만 자신의 존재 가치가 온전히 발현된다.

> 하나님이 이르시되 우리의 형상을 따라 우리의 모양대로
> 우리가 사람을 만들고 그들로 바다의 물고기와 하늘의 새와
> 가축과 온 땅과 땅에 기는 모든 것을 다스리게 하자 하시고
> _ 창세기 1:26

그러나 피조물인 인간이 하나님의 다스림을 거부하고 하나님과 같이 되려고 하는 행위, 즉 창조주의 역할을 탐하였다. 스스로 피조물이 아니라 하나님처럼 진짜 왕이 되어 내가 원하는 선을 정하고, 악을 정하려고 한 것이다. 이것이 선악을 알게 하는 나무의 열매를 따 먹은 이유이다. 그리고 그 결과 하나님과 인간의 언약적 관계가 깨어지고 말았다.

이 죄는 단순히 이스라엘 백성들이 그들에게 주어진 율법을 온전히 지키지 못함에서 비롯된 불순종의 결과만을 말하지 않는다. 이 죄는 하나님의 통치 행위를 거부하고 스스로 하나님이 되려고 하는 교만의 극치이다. 이는 하나님의 절대주권을 인정하지 아니하고 그의 왕권을 찬탈하고자 하는 반역 행위이

다. 인간의 자유의지와 사단의 유혹으로 인해 하나님께서는 결코 허용할 수 없는 죄가 들어오게 된 것이다.

그렇다면 이 죄로 인해 즉각적으로 나타나는 현상은 무엇일까? 관계들의 깨어짐이 일어났다. 죄로 인해 하나님과 인간과의 관계, 남자와 여자의 관계, 그리고 인간과 자연과의 관계가 깨어졌다. 그리고 하나님 나라가 계시 되어 하나님과 언약적 복된 관계를 누렸던 에덴동산에서 쫓겨났고, 실제 영원한 죽음에 이르게 되는 사형 선고를 받게 된다. 이 모든 것은 결국 하나님의 왕 되심과 다스림을 거부하는 인간의 교만에 기인한다.

2) 죄의 결과: 원죄

성경에서의 죄는 표적에서 벗어나는 것을 말한다. 즉 하나님의 법이라는 표적에서 벗어나는 것이 죄이다. 거룩하시고 의로우신 하나님께서 우리에게 궁극적인 표준이 되시는데, 그 하나님의 행위 표준에 벗어나는 우리의 모든 행위가 죄가 된다.

성경은 "모든 사람이 죄를 범하였으매 하나님의 영광에 이르지 못하더니"(롬 3:23)라고 말하며 우리 모두 죄의 보편성 아래 있음을 지적한다. 특별히 원죄 가운데 태어나는 우리는 하나님의 법을 피동적으로 불순종함과 동시에 능동적으로 어기며 산다.

> 그러므로 한 사람으로 말미암아 죄가 세상에 들어오고 죄
> 로 말미암아 사망이 들어왔나니 이와 같이 모든 사람이 죄
> 를 지었으므로 사망이 모든 사람에게 이르렀느니라 _ 로마
> 서 5:12

죄란 무엇인지를 두 가지 측면에서 보면 다음과 같다.

첫째, 죄는 하나님의 법에 대한 순종의 부족과 결여를 의미한다. 즉 하나님께서 요구하는 바대로 다 이행하지 못하여 부족함이 나타나는 모든 행위가 죄가 된다.

둘째, 죄는 하나님의 법을 어기는 것을 의미한다. 법을 위반한다는 것은 하나님께서 금지하여 그어 놓은 한계선을 넘어가는 것이다.

그렇다면 모든 죄의 결과는 무엇인가? 모든 죄는 치명적으로 악하며, 최소한의 죄라 할지라도 그 결과는 '죽음'에 이르게 된다. 아무리 작은 죄일지라도 이는 하나님의 주권적 권위를 찬탈하려는 우주적 반역의 행위이며 패역한 시도가 되기 때문에 정죄 받을 수밖에 없는 것이다.

> 전에는 우리도 다 그 가운데서 우리 육체의 욕심을 따라
> 지내며 육체와 마음의 원하는 것을 하여 다른 이들과 같이
> 본질상 진노의 자녀이었더니 _ 에베소서 2:3

그렇다면 그리스도인이 된 이후 우리가 범하는 죄는 어떠한

가? 예수님을 믿지 않는 죄를 제외하고, 그 어떠한 죄라도 이 신칭의 된 우리에게서 구원의 은혜를 빼앗거나 소멸시키지 못한다. 그렇기에 죄를 알고 구원의 의를 안다는 것 자체가 우리 신앙의 출발선이 된다. 이것을 안다면 사망의 덫에서 건져내시는 하나님의 은혜에 대한 우리의 자세는 오직 감사일 수밖에 없는 것이다.

우리는 죄가 온 세상에 만연해 있다고 믿는다. 인류의 조상 아담과 하와가 범죄한 결과로 인해 모든 인류가 출생과 더불어 타락한 본성을 가지고 태어난다. 그것을 가리켜서 '원죄'라 일컫는다(롬 3:23; 5:15-19; 고전 15:22).

원죄는 단순히 아담과 하와가 범죄 한 최초의 죄만을 가리키는 것이 아니라, 그 최초의 죄로 인한 결과를 포함한다. 즉 그 최초의 죄의 결과로 말미암아 전 인류의 타락한 신분을 말한다. 그렇다면 원죄는 최초의 범죄자인 아담을 통하여 그의 후손인 우리가 가지고 태어나는 죄성과 죄책이라 할 수 있다.

> 사망이 한 사람으로 말미암았으니 죽은 자의 부활도 한 사람으로 말미암는도다 아담 안에서 모든 사람이 죽은 것 같이 그리스도 안에서 모든 사람이 삶을 얻으리라 _ 고린도 전서 15:21-22

『웨스트민스터 신앙고백서』는 원죄에 대해 다음과 같이 말한다: "이 죄로 말미암아 그들은 본래의 의를 잃게 되었고, 하나님과의 교통도 끊어지게 되었다. 그래서 죄로 죽게 되었고, 영과 육의 모든 기능들과 기관들이 전적으로 더럽혀지고 말았다. 그들은 온 인류의 시조이기 때문에, 그들이 범한 이 같은 죄책이 모든 후손들에게 전가되었고, 죄로 인한 바로 그 사망과 부패한 성품이 통상적인 출생법에 의해 그 시조들에게서 후손들에게 유전이 되었다"(6:1-3). 그 타락한 죄성은 출산 과정 가운데 실제적으로 스며든다는 말이 아니라, 아담 안에서의 모든 출생은 하나님과 깨어진 관계 가운데의 출생이며, 그 죄 된 상태가 모든 실제적 범죄의 근원이 된다.

모든 인간은 이 원죄 가운데 태어나서, 그 원죄로 말미암아 모든 자범죄를 행하는 것이다. 이런 원죄의 심각성을 깨닫고 의의 필요성을 아는 일이 우리에게 매우 중요함을 알아야 한다.

3) 죄의 결과: 전적타락

우리는 인간이 원죄 가운데 태어나 자범죄를 지음을 믿는다. 죄 가운데 태어난 인간은 전적으로 타락하고 무능한 존재로 스스로 구원에 이를 수도 없고 구원할 수도 없다. 허물과 죄로(엡 2:1) 죽을 수밖에 없는 인간은 오직 하나님의 은혜로만 구원함을 얻게 된다.

> 만물보다 거짓되고 심히 부패한 것은 마음이라 누가 능히
> 이를 알리요마는 나 여호와는 심장을 살피며 폐부를 시험하
> 고 각각 그의 행위와 그의 행실대로 보응하나니 _ 예레미야
> 17:9-10

우리는 종종 인간이 스스로를 구원할 능력이 있다는 말을 듣
곤 한다. 인간이 완전히 타락하지 않아서 아직까지 남아 있는
선함과 의지로 하나님을 믿고자 택하고 그 깨어진 관계를 회복
할 능력과 의지가 남아 있다는 말이다.

하지만 우리는 그와 같은 말에 쉽게 미혹되어서는 안 된다.
인간이 타락했다는 것은 나쁘냐, 더 나쁘냐의 정도의 문제가
아니라 범위의 문제를 말한다. 전적으로 타락했다는 것은 어느
한 부분도 남김없이 다 부패하고 타락하여 하나님을 기쁘시게
할 만한 선을 행할 수도 없고, 하나님이 원하시는 의에 이를
수도 없다는 의미다.

타락한 후에도 인간은 선을 행할 '자유'는 가지고 있다. 하지
만 그 자유로운 인간이 선을 행할 '능력'을 소유하지 못한다.
타락한 악한 본성에 따라 무능한 상태로 존재한다. 타락 전과
후 인간의 외적 모습은 동일해도, 마치 날개 부러진 새가 날개
는 있어도 날지 못하는 무능한 상태와 같이, 인간은 하나님의
형상으로서 하나님을 기쁘시게 할 능력을 상실한 상태가 된 것
이다.

만일 우리가 죄가 없다고 말하면 스스로 속이고 또 진리
가 우리 속에 있지 아니할 것이요 _ 요한일서 1:8

성경은 우리에게 우리가 전적으로 타락하여서, 우리 스스로
를 구원할 능력을 소유하지 못하고, 오직 그리스도의 능력으로
말미암아 구원함을 얻게 됨을 가르친다. 우리는 아담의 원죄로
말미암아 그 이후 태어나는 모든 인간은 전적으로 타락하였고,
하나님의 언약을 만족시킬 수 없을 정도로 전적으로 부패하고
무능한 가운데 놓여 있음을 반드시 알아야 한다.

4) 성령모독죄

죄를 생각할 때 도무지 이해하기 어렵고, 우리의 신앙생활에
서 많은 오해를 불러일으키는 것이 있다. 그것이 바로 '성령모
독죄'이다. 신앙생활을 하면서 한 번쯤 이 성령모독죄로 인하여
밤잠을 자지 못하고 고민한 적이 있을 것이다. 왜냐하면 이 성
령모독죄는 결코 용서받지 못하는 죄이기 때문이다. 용서받지
못한다는 것은 구원받지 못하여 지옥에 간다는 의미이다. 그렇
기에 우리는 혹시나 자신이 성령모독죄를 지은 것은 아닌지 신
앙생활을 잘하고 있으면서도 걱정하고, 고민하는 것이다.

이 성령모독죄에 관한 말씀은 공관복음서(마태복음 12장, 마가복
음 3장, 누가복음 12장)에 기록이 되어 있다. 이 말씀이 나오게 된

배경을 보자. 바리새인들이 예수님의 기적을 보고도 그 능력이 하나님께로 온 것을 인정하지 않고 바알세불의 힘을 빌려 기적을 행한다고 조롱한다. 그런 조롱에 대해 예수님께서 성령모독죄에 대해 말씀을 하시는 것이다.

성령모독죄에 대해 이해하기 위해서는 기본적으로 성령님께서 무엇을 하시는지를 알아야 한다. 첫째, 성령님께서는 우리 마음에서 예수가 구원자이심을 믿게 하신다. 예수님을 믿어야지만 하나님의 자녀가 되고, 하나님으로부터 임하는 모든 것들을 누릴 수 있기 때문이다. 둘째, 성령님께서는 우리로 하여금 하나님의 말씀이 무엇인지 깨닫게 해 주시며, 그 말씀대로 살아갈 수 있는 힘과 능력을 주신다. 그렇다면 성령님을 모독했다는 것은 복음서의 앞 문맥들을 보면 예수님이 구원자이심을 믿지 않은 것이라 말할 수 있다. 예수님을 믿지 않으니 당연히 죄 용서함을 받을 수 없고, 그 죄에 따라 지옥에 갈 수밖에 없는 것이다. 하지만 예수님을 믿는다면 결코 지옥에 가지 않는다.

이것을 비유로 설명을 하자면, 부모의 말을 잘 듣는 자녀만 있는 것이 아니라, 말을 잘 듣지 않는 자녀도 있다. 잘 듣지 않는다고 내 자녀가 아닌 것이 아니다. 호적에 그대로 있다면 여전히 내 자녀다. 즉 예수님을 믿으면 하나님의 호적 위에 올라가게 된다. 이것은 사람이 정한 법이 아니라 하나님께서 정하신 법이다. 그렇기에 하나님의 호적 위에 올라가 있으면 하나님의 자녀이다. 비록 죄를 짓더라도 자녀로서 견책은 받겠지만 멸망 당하지 않는다. 법적인 하나님의 자녀가 되었기 때문이다. 그렇기에 예수님을 여전히 믿고 있다면 결코 성령모독죄를 지을 수 없다는 것을 알 수 있다.

2. 언약

성경은 구약과 신약으로 나뉜다. 구약의 뜻은 오래된 약속을 말하고, 신약은 새로운 약속을 말한다. 그렇기에 성경 전체는 언약에 관한 말씀이라 말할 수 있다.

그렇다면 언약은 무엇인가? 언약은 쉽게 말하면 계약을 의미한다. 두 명 이상의 당사자들이 상호 동의하에 의하여 계약을 맺는 것이다. 이 계약에는 계약의 항목이 있으며, 그 항목에 따라 복과 저주의 내용이 있다. 고대 근동 사회에서는 언약을 맺을 때 동물을 반으로 잘라 놓고 함께 그 사이를 지남으로 언약을 체결했었다. 언약을 잘 지키면 그에 따른 복이 있을 것이지만, 만약 언약을 어기게 되면 이 동물처럼 반으로 갈라질 것이라는 심판의 의미가 있는 것이다.

여기서 언약을 맺는 당사자는 하나님과 사람이다. 하나님은 사람을 만드시고 난 뒤에 곧바로 사람과 언약을 맺으셨다. 창조주 하나님이 사람을 만드시고 그 피조물인 사람과 맺는 언약이기에 동등한 상대끼리 상호 우정이나 이익을 위해 맺는 '평등조약'이 될 수 없다. 하나님께서 언약의 내용과 복과 저주의 모든 것들을 정하시고, 사람은 단지 하나님이 정하신 것에 복종하는 것이다. 이것을 '하사 언약' 또는 '종주-봉신 언약'으로 볼 수 있다.

진정한 왕이신 하나님께서는 그의 택한 백성과 무조건적으로 은혜로운 특혜를 하사하는 '하사 언약'(아담, 노아, 아브라함의 횃불 언약)을 맺으셨다. 또한 절대주권을 소유한 하나님과 그를 향한 전적인 충성과 봉사를 요구하는 조건으로 은혜와 보호를 허락하는 '종주-봉신 언약'(아브라함의 할례 언약, 시내산 언약)을 맺으셨다. 하사 언약은 하나님께서 무조건적으로 이스라엘을 향한 약속을 성취하겠다는 언약이라면, 종주-봉신 언약은 하나님께서 왕과 봉신의 관계 가운데서, 봉신으로서 이스라엘이 절대적 충성을 행할 때 종주로써 하나님께서 약속을 성취하겠다는 의미이다.

하나님께서 사람과 맺으시는 언약은 이와 같은 언약의 구조 안에서 보아야 한다. 사람은 반역하고 배도한 죄인들로서, 도저히 자격이 없을 뿐 아니라 주어진 것마저 빼앗겨야 마땅한 죄인들이지만, 바로 그들에게 하나님께서 얼마나 자비로우신가를 언약을 통해 보여주시는 것이다.

하지만 죄가 세상에 들어옴으로 인해 하나님과 인간 사이의 태초의 완전한 관계가 깨어졌다. 하나님께서는 이 언약을 영원토록 지킬 수 있는 능력이 있지만, 사람이 그 언약을 깨어버린 것이다. 그래서 하나님께서 말씀하신 그대로 죄의 결과로 사망이 들어왔고, 인간이 범한 죄는 의로우시고 거룩하신 하나님과의 관계 단절을 일으켰다. 이로써 영생하는 하나님과 사망의 몸이 된 인간은 더 이상 함께 할 수 없게 되었다.

이와 같이 비극적인 결과를 맞이한 인간은 깨어진 관계를 이전과 같이 회복할 그 어떠한 방법도 가지지 못했다. 그것을 아시는 하나님께서는 인간에게 '언약'을 주심으로 회복의 길을 제공하셨다. 이것이 바로 하나님의 은혜이다.

1) 은혜 언약

타락한 인간이 하나님의 언약을 만족시킬 수 없을 정도로 전적으로 부패하고 무능한 가운데 놓여 있었다. 그래서 인간 스스로의 힘과 능력으로는 구원과 영생을 누릴 수 없게 되었다. 그렇다면 어떻게 타락 전 상태로 되돌릴 수 있을까?

인간의 힘과 능력과 방법으로는 불가능하고 오직 하나님만이 가능하다. 그래서 하나님께서 그 방법을 제시하셨는데, 그것이 바로 '은혜 언약'이다.

> 그가 여호와의 전을 건축하고 영광도 얻고 그 자리에 앉아서 다스릴 것이요 또 제사장이 자기 자리에 있으리니 이 둘 사이에 평화의 의논이 있으리라 하셨다 하고 _ 스가랴 6:13

하지만 삼위일체 하나님께서는 은혜 언약 전에 인간 구원을 위한 삼위 하나님 간의 협약('구속 언약' 또는 '평화의 의논', 슥 6:13)을 맺으셨다. 하나님께서는 이 '구속 언약'에 기초하여 타락한 인간과 은혜 언약을 체결하신다.

이 언약의 당사자는 누구일까? 성부 하나님과 그가 구원하기로 선택한 백성이다. 이들의 언약을 위해 참 하나님이시오, 참 인간이신 예수님께서는 이 언약의 중보자로서 언약을 성취하신다. 그리고 성령 하나님께서 우리로 중생케 하사 믿음 주셔서 그 성취된 언약의 유익에 동참케 하신다. 그렇기에 우리는 성령님 안에서 언약의 삶을 살기 시작한 그리스도인으로서 새 생명의 원리와 말씀에 순종하며 자신이 언약의 삶을 살고 있음을 증거 해야 한다(요일 2:4~6).

그 언약의 핵심적 약속은 "나는 너희의 하나님이 되고 너희는 나의 백성이 되리라"(창 17:7, 렘 31:33, 겔 34:30~31, 고후 6:16, 벧전 2:9~10, 계 21:3)이다. 은혜로운 언약을 방편으로 하여 인간은 타락 전 하나님의 백성으로서 자유로이 교제 나누었던 상태로 회복된다. 다른 말로 삼위 하나님과의 하나 됨을 다시금 경험할 수 있게 되는 것이다. 이 놀라운 사건은 은혜 언약의 성취자 되시는 그리스도로 말미암고, 그로 인해 이 언약이 새 언약이 되고 영원한 언약으로써 우리에게 주어진다(히 13:20).

> 양들의 큰 목자이신 우리 주 예수를 영원한 언약의 피로 죽은 자 가운데서 이끌어 내신 평강의 하나님이 모든 선한 일에 너희를 온전하게 하사 자기 뜻을 행하게 하시고 그 앞에 즐거운 것을 예수 그리스도로 말미암아 우리 가운데서 이루시기를 원하노라 영광이 그에게 세세무궁토록 있을지어다 아멘 _ 히브리서 13:20-21

그렇다면 은혜 언약에 포함이 되어 있는 모든 복락은 어떻게 우리에게 주어지는가? 오직 믿음으로만 우리에게 주어진다. 하나님과 우리 사이에 유일한 중보자로서 예수 그리스도를 우리의 구원자로 믿을 때 실상은 은혜 언약 안에 들어 있는 약속이 우리에게 상급으로 주어진다.

이것을 아는 것이 매우 중요하다. 인간이 하나님께서 최초에 주신 행위 언약을 깨뜨렸고, 이미 전적으로 타락한 상태일 때 주신 언약이 바로 은혜 언약이기 때문이다. 유일한 중보자 되시는 성육신하신 예수 그리스도가 우리를 대신하여 이 은혜 언약을 성취하셨고, 우리는 이제 그리스도의 공로에 힘입어 하나님의 백성이 되어 그 은혜 언약이 내포하는 모든 복과 열매를 받게 된다.

2) 구원 역사 가운데 은혜 언약의 진전

성경에 언급된 각각의 언약은 어떻게 이루어져 있을까? 노아 언약, 아브라함 언약, 시내산 언약, 다윗 언약, 새 언약 등은 상이한 내용을 차별적으로 체결한 언약들을 말하는 것인가? 그렇지 않다. 성경에 나타난 언약들의 구조와 주제는 통일된 성격을 분명히 보여주고 있으며, 하나님의 많은 언약은 궁극적으로 하나님과의 관계 속에 연합된다. 그리스도 이전의 '옛 언약'은 약속, 그림자, 예언 등으로 특징이 지어지며, 그리스도 이후의 '새 언약'은 성취, 실재, 실현 등으로 특징지어진다.

언약의 내용은 구원의 목표와 동일하게 하나님 나라이다. 하나님 나라는 그 나라를 통해 다스리는 자와 다스림을 받는 자와의 관계가 형성되는 곳이다. 이 하나님 나라의 개념이 에덴동산과 그의 언약과 다윗의 왕국에서 다양하게 표현되었다. 그러면 대표적인 언약들을 살펴보자.

아담 언약

하나님께서 자신의 형상으로 인간을 창조하신 뒤 생육, 번성, 충만, 정복, 그리고 다스림을 명하셨다. 하나님께서는 자신의 형상인 인간에게 존귀와 영광으로 관을 씌우시고, 복으로 주어진 이 명령을 통해 피조 세계를 대리 통치케 하셨다. 피조 세계 안에서 인간의 존재 목적은 하나님의 대리통치자로써 피조물을 다스리는 역할을 하는 것이다. 이것이 하나님께서 사람을 창조하신 목적이며, 내가 이 세상에서 살아 내어야 하는 목적이 된다. 그러나 죄로 인해 인간은 그 대리통치자의 특권을 상실케 되었다. 상실한 특권, 바로 그 최초의 상태로 회복하기 위한 최초의 복음이 바로 창세기 3:15이다.

창세기 3:15은 구속역사에 있어서 은혜 언약의 최초 계시로, 타락한 죄인의 구원을 내포하는 최초의 계시이므로 '원시복음'(Proto-gospel)이라 칭한다. 이는 '여자의 후손'인 예수 그리스도께서 사탄의 권세를 이기시고 우리를 죄와 사망, 사탄의 권세에서 구원해 주심을 계시하는 신구약 성경의 첫 번째 약속의 말씀이 된다.

> 내가 너로 여자와 원수가 되게 하고 네 후손도 여자의 후손과 원수가 되게 하리니 여자의 후손은 네 머리를 상하게 할 것이요 너는 그의 발꿈치를 상하게 할 것이니라 하시고
> _ 창세기 3:15

이 언약의 말씀은 여자의 후손인 메시아를 통해 인류를 구원하시겠다는 구속사적 경륜의 토대 위에서 체결된다. 아담이 행위 언약인 선악과를 먹음으로 사망의 육체가 되어버렸으나, 하나님께서는 여전히 은혜 언약에 의해 그를 완전히 멸하지 않으시고 예수 그리스도 안에서 완전케 하신다.

첫 아담의 불순종이 인간의 정죄에 대한 판단의 근거가 되었

다면, 마지막 아담의 순종만이 하나님이 죄인을 옳다 할 수 있는 법적 근거가 된다. 이 첫 아담과의 언약은 둘째 아담인 예수 그리스도를 통해 성취되며, 이 은혜 언약 안에서 중생한 자는 하나님 나라를 기업으로 얻게 된다.

노아 언약

노아 언약에서 최초로 '언약'이란 용어가 등장한다(창 9장). 아담의 범죄가 그의 받은 창조주의 복과 은혜뿐 아니라 피조물에 대한 통치권을 상실케 했다면, 노아의 의와 순종(창 6:8)은 피조물의 책임과 인간의 공로가 아니라 하나님의 은혜에 근거해서 잃어버린 유산을 다시 찾게 했다.

> 하나님이 노아와 그 아들들에게 복을 주시며 그들에게 이
> 르시되 생육하고 번성하여 땅에 충만하라 _ 창세기 9:1

타락 후 아담의 후손들의 범죄와 강포는 온 땅에 충만하였고 물 심판을 불러왔다. 홍수 심판 후 노아와 그의 가족들에게 제시된 은혜의 언약들은 네 가지로 요약할 수 있다. 첫째, 하나님께서 다시는 사람으로 인하여 땅을 저주하지 아니하겠다(창 8:21). 둘째, 생육하고 번성하여 땅에 충만하라(창 9:1). 셋째, 모든 짐승과 공중의 새와 땅에 기는 모든 것과 바다의 모든 고기를 손에 붙이신다(창 9:2). 넷째, 무지개와 함께 다시는 물 심판

이 없을 것이다.

노아의 은혜 언약은 노아의 자녀들뿐만 아니라 오늘날의 온 세계 인류들(모든 인류는 노아의 후손)에게까지 관계된다. 이러한 측면에서 노아 언약은 은혜 언약적 성격과 일반 은총적 성격 모두 가지고 있으며, 지금도 성취되고 있다.

아브라함 언약

하나님께서 갈대아 우르에 거주하던 아브람을 부르심은 노아의 아들 셈의 후손인 아브람을 통해 큰 민족을 이루어 창대케 하기 위함이었다. 하나님께서는 아브라함에게 자손의 번창(창 13:16; 15:5), 가나안 땅 정복(창 12:7; 13:15), 나라를 다스리는 왕(창 17:4-8) 등을 언약하셨다.

> 여호와께서 아브람에게 이르시되 너는 너의 고향과 친척과 아버지의 집을 떠나 내가 네게 보여 줄 땅으로 가라 내가 너로 큰 민족을 이루고 네게 복을 주어 네 이름을 창대하게 하리니 너는 복이 될지라 너를 축복하는 자에게는 내가 복을 내리고 너를 저주하는 자에게는 내가 저주하리니 땅의 모든 족속이 너로 말미암아 복을 얻을 것이라 하신지라 _ 창세기 12:1-3

노아 언약은 아브라함 시대에도 여전히 지속되고 있었다. 특별히 노아의 아들 셈의 후손인 아브라함을 통해 셈의 복이 어떻게 이어지고 확장되는지를 보게 하며, 그러한 점에서 노아 언약은 아브라함을 통해 그 연속성을 가지면서 구체적인 예시가 된다.

하지만 노아의 언약은 아브라함 언약과의 차이점 역시 가진다. 전자가 우주적 차원의 언약이었다면, 후자는 개인을 통한 민족적 차원의 언약이다. 전자가 일반 은총적이라면, 후자는 특별 은총적이라 할 수 있다. 그렇기에 아브라함 언약은 구약 성경이 하나님의 택한 백성인 이스라엘 민족과 관련된 내용이기에 구약 전체를 이해하는데 매우 중요한 의미를 가지고 있다.

아브라함이 언약의 유익과 복은 믿음으로 말미암은 것이었다. 아브라함과 맺은 언약에서 하나님은 그를 의롭다 하셨으며(롬 3-5장, 갈 3장), 모든 믿는 자의 아버지로 세우셨다. 하나님께서 아브라함에게 주신 언약은 이제 이삭과 야곱과 그의 자녀들에게 계승이 된다.

> 하나님이 또 아브라함에게 이르시되 그런즉 너는 내 언약을 지키고 네 후손도 대대로 지키라 너희 중 남자는 다 할례를 받으라 이것이 나와 너희와 너희 후손 사이에 지킬 내 언약이니라 _ 창세기 17:9-10

특별히 아브라함 언약은 언약의 특징들이 뚜렷하다. 하나님께서 아브라함에게 주신 할례의 언약은 하나님께서 왕이 되어 주시겠다는 분명한 관계 설정이기 때문이다(행 7:8; 창 17:1-14).

그런 면에서 이 아브라함 언약은 일방적인 언약 성격이 강하다. 하나님께서 인간과 더불어 세우신 언약이지만, 전적으로 "하나님에 의해"(갈 3:17; 창 17:2, "내가") 체결된 언약이다(행 3:25, "하나님이 너희 조상과 더불어 세우신 언약"; 행 7:8, "[하나님이] 할례의 언약을 아브라함에게 주셨더니"). 이로 인해, 영존하시는 하나님께서 아브라함의 자손 대대로 그들의 하나님이 되어주셨다.

시내산 언약

하나님과 인간과 맺어진 언약은 언약 당사자들과 구어로 맺어진 언약들이었다. 하나님께서 친히 '내가 어떻게 하리라'의 약속을 하셨고, 그 약속이 삶으로 증명되며 신앙이 다시 유언과 축복으로 전수되었다. 이제 지금까지 구어로 맺어진 하나님의 언약은 시내산 계약에서 돌 판에 새겨지며 문서화된다. 즉 고대 근동 지역의 강대국 대왕과 그 아래 작은 왕국의 봉신들과의 관계를 규정하는 문서인 '종주-봉신 언약'으로 체결된 것이다.

시내산 언약의 대전제(출 19:3-6)는 "너희가 내 말을 잘 듣고 내 언약을 지키면 세계가 다 내게 속하였나니 너희는 모든 민족 중에서 내 소유가 되겠고 너희가 내게 대하여 제사장 나라가 되며 거룩한 백성이 되리라"(출 19:5f.)이다.

여기에 약속된 내용은 이스라엘이 하나님의 소유, 제사장 나라, 거룩한 백성이 된다는 것이다. 이것을 전제하여 율법을 통해 하나님의 뜻이 외형적이고 요약적으로 기록되었다. 즉 하나님의 약속은 하나님께서 이스라엘의 하나님이 되어 그들의 복의 근원이 되심과 복 받은 그들을 보호하심이다. 또한 이스라엘은 그 복을 받기 위한 조건은 하나님의 백성으로서 그의 규례를 지키고, 하나님의 목적 성취를 위한 헌신과 순종을 해야 한다. 바로 그 시내산 언약의 주요 의식과 제도들은 복음에 대한 상징과 예표로서 그 의미를 알려 준다(히 3:5).

시내산 언약은 국가적 언약(출 19:5-6)으로 백성의 대표자들과 체결하였다(출 24:1-4). 시내산 언약에 있어서 율법은 큰 비중을 차지하고 있지만, 이 언약은 율법의 전적 이행에 따라 구원을 얻게 하는 행위 언약이 아니다. 하나님께서는 시내산 언약에서 행위 구원의 조건으로써 율법 준수를 의도하신 것이 아니라(갈 2:16), 하나님의 선택(출 19:5;레 26:44-45)과 은총(신 7:7; 9:4-6)에 그 강조점을 두셨다. 시내산 언약과 율법은 은혜 언약을 보다 더 효과적으로 집행하는 방편으로 주어진 것이다.

그렇다면 신약 성경에서 모세의 언약을 '첫 언약'(히 8:7; 9:15-18)으로 간주하는 이유는 무엇일까? 모세 언약이 첫 언약이라고 불리는 이유는 위에 언급한 여러 언약과 달리 문자로 기록이 되었기 때문이다(히 9:4 '언약의 판들'; 고후 3:7 '돌에 써서 새긴 조문'). 이스라엘을 향한 하나님의 의무는 하나님께서 왕으로서 이스라엘 백성을 사랑하고 보호하는 것이며, 하나님을 향한 이스라엘의 의무는 이스라엘이 백성으로서 하나님을 신뢰하고 경배하는 것이다.

하나님께서는 족장들의 언약에 기초하여 모세 언약을 세우시면서 이스라엘에게 하나님의 소유, 제사장 나라, 거룩한 백성이 될 것을 약속하셨다. 모세의 언약으로 확인된 것은 하나님이 이스라엘의 왕이며 이스라엘은 하나님의 백성이라는 사실이다. 하나님의 하나님 되심과 이스라엘의 백성 됨(출 6:7)은 신약에서도 매우 중요한 것으로 부각 되고 있다(히 8:10).

다윗 언약

다윗이 이스라엘의 왕으로 세움을 받은 이후 이스라엘의 보좌에 다윗 계열 왕조를 세우고 유지하겠다는 하나님의 무조건적 약속이 바로 다윗 언약이다. 이 다윗 언약은 다윗의 통치 중엽에 하나님께서 다윗과 맺으셨다.

다윗 언약의 내용은 이스라엘 백성들에게 다윗과 같은 경건한 왕을 영원히 제공하실 것이며, 그의 후손들을 통해 하나님께서 다윗에게 했던 일을 하실 것을 약속하신다. 그 약속은 이스라엘로 약속의 땅 안에서 안식을 누리는 것이다(왕상 4:20-21, 5:3-4).

> 네 수한이 차서 네 조상들과 함께 누울 때에 내가 네 몸
> 에서 날 네 씨를 네 뒤에 세워 그의 나라를 견고하게 하리
> 라 그는 내 이름을 위하여 집을 건축할 것이요 나는 그의
> 나라 왕위를 영원히 견고하게 하리라 _ 사무엘하 7:12-13

다윗과의 언약은 직접적으로 솔로몬에게 적용되지만, 이후 다윗의 왕조가 계속된다는 것과 더 위대한 아들에게서 다윗 언약의 구체적인 내용이 성취될 것을 포함하고 있다.

이처럼 다윗과의 언약은 성경 전체의 흐름에 있어서 참으로 중요한 위치를 차지한다. 다윗과 솔로몬 왕국의 정치, 경제, 종교의 번영은 아브라함에게 주신 하나님의 약속들이 가시적으로 성취되는 것이다. 물론 이 왕국이 완전한 것은 아니지만, 하나님의 나라가 이렇다는 것을 가시적으로나마 볼 수 있는 것이다.

다윗 언약의 중요성은 언약사의 흐름 속에서 찾을 수 있다. 아담의 '여자의 후손'-노아의 '셈의 장막' 축복-아브라함의 '복의 근원'의 언약들이 다윗 왕국의 왕통을 이어 만왕의 왕이신 그리스도에게로 성취가 되기 때문이다. 원시 복음에 예언된 메시아가 아담의 '씨', '여자의 후손' 또는 아브라함의 '씨'로 약속했으나 이 약속은 마침내 '다윗의 자손'으로 구체화 되었다.

다시 말하면, 사무엘하 7:12-14의 '네 몸에서 날 자식'은 먼저 역사적으로 솔로몬을 가리킨 것이나 동시에 그것은 다윗의

왕위가 영원할 것과 결국은 다윗의 후손으로 오실 그리스도를 예언하신 말씀이다. 그러므로 다윗과 세운 언약은 구속사적 언약의 구체화와 언약사적 흐름 속에서 다윗 왕국의 성취 및 그 왕위의 영원함을 나타내어 절정을 이루게 되는 중요한 위치에 있다.

다윗의 가문에서 메시아를 일으키신 이유는 선지자들을 통하여 그렇게 하시기로 예언을 하셨고(렘 23:5-6), 하나님의 언약 백성들을 속량하기 위함이다(눅 1:68-69). 하나님께서는 메시아의 속량하심을 통해 언약의 핵심 내용인 하나님은 그들에게 하나님이 되시고, 그들은 하나님에게 백성이 됨을 성취하셨다(삼하 7:14). 이런 의미에서 다윗 언약은 모세 언약의 연장이며, 이후에 화평의 언약 또는 영원한 언약이라고 불리는 근거가 된다(겔 34:23f; 37:26f.).

3) 새 언약(예수 언약)

이스라엘이 가장 심각한 언약의 저주를 받고 약속의 땅에서 쫓겨나려고 할 때 그 반역한 이스라엘과 맺은 언약이다. 예레미야에 의해 발견된 새 언약의 중요한 면은 하나님이 분노로 쫓아버렸던 이스라엘 백성을 모든 땅으로부터 다시 불러 모으는 데 있다. 예레미야의 새 언약은 하나님의 이전 약속들과 연관된다. 새 언약에 의해 하나님은 이전에 그의 백성과 세운 계약의 모든 약속을 성취하실 것이다. 시내산 언약 밑에서 실현되지 않았던 하나님 율법의 순종은 새 언약의 규정 밑에서 완전한 성취를 보게 될 것이다.

> 여호와의 말씀이니라 보라 날이 이르리니 내가 이스라엘 집과 유다 집에 새 언약을 맺으리라 ... 내가 이스라엘 집과 맺을 언약은 이러하니 곧 내가 나의 법을 그들의 속에 두며 그들의 마음에 기록하여 나는 그들의 하나님이 되고 그들은 내 백성이 될 것이라 여호와의 말씀이니라 그들이 다시는 각기 이웃과 형제를 가리켜 이르기를 너는 여호와를 알라 하지 아니하리니 이는 작은 자로부터 큰 자까지 다 나를 알기 때문이라 내가 그들의 악행을 사하고 다시는 그 죄를 기억하지 아니하리라 여호와의 말씀이니라 _ 예레미야 31:31-34

예레미야서에 기록된 새 언약의 독특한 점은 하나님의 율법이 내면적으로 기록된다는 점이다. 하나님께서 이스라엘의 죄를 사하시고 그의 율법을 그들의 '마음 판'(렘 31:33; 겔 36:26)에 새김으로써 새로운 관계를 설정하신다. 언약 공동체의 마음은 율법이 새겨지는 돌판이 된다. 그 돌판에 성령 하나님께서 하나님의 법을 기록하시는 것이다. 그리고 하나님께서 "내가 그들의 악행을 사하고 다시는 그 죄를 기억하지 아니하리라"(렘 31:34)고 하신 용서에 대한 약속은 예레미야의 주된 새 언약 구절에서 근본 원리로 지켜진다(렘 50:20).

새 언약은 이전 언약들과 그 내용에 있어서는 동일하나, 그 언약 당사자들의 마음을 새롭게 하여 변화를 일으키는 차이점이 있다. 신약에서는 그 죄악 된 백성들을 대속할 보증인으로 언약의 중보자이신 예수님을 말한다(히 7:22; 8:6).

여기서 중요한 것은 언약 당사자인 하나님과 이스라엘 사이에 보증인으로서 예수님의 등장이다. 오실 메시아의 이름을 '예수'(마 1:21)라 칭함 역시 중보자로서 하나님의 택한 백성의 죄를 감당하는 역할을 그대로 보여준다. 예수님께서 자신의 피로 세운 언약의 보증인으로서 언약의 내용을 아버지와 함께 책임 지신다(히 9:12, 14; 10:19; 13:12).

새 언약은 그리스도의 언약의 피로 인한 하나님 나라와의 연관성을 직접적으로 언급한다. 예수님께서는 새 언약을 통해 하나님 나라에서의 왕 되신 하나님과 백성 된 이스라엘의 관계를 바라본다(마 26:29; 막 14:25; 눅 22:18).

> 이것은 죄 사함을 얻게 하려고 많은 사람을 위하여 흘리는 바 나의 피 곧 언약의 피니라 그러나 너희에게 이르노니 내가 포도나무에서 난 것을 이제부터 내 아버지의 나라에서 새것으로 너희와 함께 마시는 날까지 마시지 아니하리라 하시니라 _ 마태복음 26:29-30

언약의 중보자가 되신 예수님으로 인해 언약의 당사자인 하나님과 백성 사이에 화평이 이루어졌다(엡 2:14). 언약의 피로 이루어진 새 언약은 노아 언약(사 54:9f.), 모세 언약(민 25:12; 말 2:5), 다윗 언약(겔 34:25; 37:26)의 성취이다. 그 보혈은 언약을 위한 가장 확실한 보증임과 동시에 가장 어리석은 보증인 이유는 하나님의 백성들이 하나님과의 언약을 깨뜨리고 관계를 단절하는 일에 반복적이기 때문이다. 이 어리석은 보증인이 되기 위해 친히 이 땅에 인간의 몸을 입으신 분이 바로 예수님이시다. 이것이 복음의 놀라움이다. 이 복음이 우리에게 제시하는 그리스도라는 보증이 너무나도 확실하고 안전한 것은 복음 앞에 순종하는 모든 자에게 "영원한 구원의 근원"이 되셨기 때문이다(히 5:9).

3. 성취와 하나님 나라

1) 그리스도와의 언약

그 언약의 연속성은 구약에서뿐만 아니라 신약에서도 계속된다. 구약은 엘리야가 나타나서 주의 길을 예비하리라는 약속으로 끝났으나, 신약은 바로 그 엘리야가 나타나 그리스도의 길을 준비하는 것으로 시작된다. 구약의 언약대로 메시아가 아브라함과 다윗의 자손으로 오셨기 때문이다(마 1:1).

앞에서 언급한 바와 같이 언약은 논리적인 통일성과 단일성 및 영원성을 그 특성으로 가지기 때문에, 신약에 나타난 언약의 성취는 구약에서 집행된 다윗 왕국 성취로의 모형적인 그 언약과 동일하게 하나님 나라로서 완성된다. 그러므로 신약은 구약의 성취인 만큼 구원의 계획에 포함된 모든 사상에서 둘 사이에 질적 차이가 있을 수 없고 오직 하나의 은혜 언약 규정들을 가질 뿐이다.

> 옛적에 선지자들을 통하여 여러 부분과 여러 모양으로 우리 조상들에게 말씀하신 하나님이 이 모든 날 마지막에는 아들을 통하여 우리에게 말씀하셨으니 이 아들을 만유의 상속자로 세우시고 또 그로 말미암아 모든 세계를 지으셨느니라 _ 히브리서 1:1-2

아담에게 최초로 계시 되고 아브라함에게 와서 정식으로 설정된 후 시대에 따라 반복 확인되며 모형적으로 성취되어진 옛 언약은 그리스도의 강림으로 막을 내리고, 그리스도의 나타나심에 뒤따른 실체적인 언약의 성취 시대인 신약의 시작을 맞게 된다. 그리스도의 언약 성취에 있어서는 구약의 형태와는 다르게 적용이 된다. 그리스도를 통해 하나님 나라가 이 땅 가운데 실제적으로 성취되는 것이다.

아브라함과의 언약 이후 그 언약이 아브라함의 후손에게만 제한되는 것처럼 보였지만, 예수 언약을 확실하게 유대인과 이방인의 경계가 사라지고 모든 백성에게로 확대됨을 볼 수 있다. 그리스도의 완성된 사역이 그 범위를 확대시켰다. 구약의 오랜 시대를 통하여 예언되고 점진적으로 계시되어 온 은혜의 언약이 마침내 예수 그리스도를 통하여 성취되었음이 신약의 핵심이다.

> 하나님은 한 분이시요 또 하나님과 사람 사이에 중보자도
> 한 분이시니 곧 사람이신 그리스도 예수라 _ 디모데전서
> 2:5

　물론 구약의 약속대로 오신 그리스도께서는 행위 언약인 율법까지도 온전케 하시며 다 이루셨다. 그리스도께서는 위로 하나님을 사랑하고 아래로 이웃을 사랑하기를 요구하는 행위 언약, 곧 율법을 그의 전 생애를 통해 완수하셨을 뿐 아니라, 율법을 범한 택한 백성들의 죄의 삶을 당신의 피 흘리심과 죽으심으로 모두 갚으셔서 행위 언약을 완전히 성취하셨다. 또한 그리스도께서는 죽은 자 가운데서 부활하여 택한 백성에게 영원한 생명을 은혜의 선물로 허락해 주심으로 은혜 언약을 성취해 주셨다. 한마디로 말해, 그리스도는 언약의 성취자로 성육신하신 것이다.

> 이와 같이 예수는 더 좋은 언약의 보증이 되셨느니라 _
> 히브리서 7:22

　마지막 부활을 통한 최후 심판이 끝난 후 영원한 나라인 새 하늘과 새 땅에 거룩한 성, 새 예루살렘에서 하나님의 백성들은 하나님과 함께 있게 된다. 영원한 나라인 새 예루살렘에서 영원토록 다스리시는 분이 곧 예수 그리스도이시다.

　하나님께서 아브라함에게 약속한 나라는 다윗 왕조를 통하여

이루어 주셨고, 첫 아담에게 약속한 피조 세계의 통치는 둘째 아담을 통해 이루실 것이며, 창세 전에 그리스도와의 천국에 대한 영원한 약속은 성자 하나님 자신을 통하여 하나님의 나라로 이루어 주신다.

2) 하나님 나라와 언약

"하나님 나라가 가까웠다"(마 12:28; 막 1:15)는 예수님의 선포는 구약에 예언된 대망의 구원의 날을 가리켜 말씀하신 것이다. 하나님 나라에 대한 예수님의 가르침은 그의 선포와 사역을 통해 하나님의 통치가 인간 역사에서 하나의 실존이 되게 하셨다. 예수님의 치유와 사죄 선언은 선포된 하나님 나라가 이미 도래했음을 실질적으로 보여주는 것이다(마 9:2-8).

예수님은 하나님 나라의 선포자이시고, 바로 이 예수님의 인격 안에 하나님 나라가 도래하였다. 왜냐하면 예수님의 인격 자체가 바로 하나님 나라이기 때문이다(눅 1:32-33; 22:29). 예수님께서는 하나님 나라의 선포자요, 임재 그 자체가 될 수 있는 능력과 권세를 지닌 분이다(마 7:29; 막 2:5-12; 11:28; 눅 4:36; 요 10:18). 즉 예수님의 하나님 나라 주장의 핵심은 '그의 나라가 이미 왔다. 그러나 미래에 완전히 올 것이다'이다. 그래서 예수님께서도 하나님 나라를 언급하실 때 마지막에 있을 미래의 성취를 가리키신 것이다(고전 15:24, 50; 행 1:6).

바리새인들이 하나님의 나라가 어느 때에 임하나이까 묻
거늘 예수께서 대답하여 이르시되 하나님의 나라는 볼 수
있게 임하는 것이 아니요 또 여기 있다 저기 있다고도 못하
리니 하나님의 나라는 너희 안에 있느니라 _ 누가복음
17:20-21

하나님의 주권에 관한 구약의 심오한 의미가 신약에서는 성
령님을 통해 아버지의 우편에서 하나님의 통치를 행사하는 그
리스도의 인격으로 이전되었다(골 1:13). 이 성령님을 통해 복음
이 실현되고 하나님 나라의 미래적 영광이 현재적 경험으로 이
루어진다.

3) 언약의 성취

구약의 모든 모형과 예언들은 오직 주 예수 그리스도를 가리
킨다. "모세를 믿었더라면 또 나를 믿었으리니 이는 그가 내게
대하여 기록하였음이라"(요 5:46)와 같이 성경은 예수 그리스도
에 대해 집중하여 말하고 있다. 그의 오심과 구속하심과 다시
오심 역시 하나님의 언약을 통해 우리는 알 수 있으며, 하나님
의 언약에 대한 올바른 이해를 통해 보이지 않는 하나님께 대
한 신앙이 가능케 된다.

언약은 하나님의 주권으로 선포되고 실행되었으며, 언약 당
사자인 인간은 그 주권적 역사의 유익을 수용하고 누릴 뿐이

다. 우리가 보기에는 말씀의 순종 여부가 결정적 요소로 보이지만, 인간의 생사화복 역시 하나님의 언약에 기초를 두기 때문에, 구속은 하나님의 언약의 선물이라 말할 수밖에 없다. 구속을 위한 언약이 아니고 언약 섭리를 위한 언약인 것이다.

하나님께서는 하나님을 볼 수 없는 우리로 하여금 역사 속에서 언약하시고, 그 언약을 이루심을 통해 자신이 여호와이심을 밝히 계시하시려는 데 최종 목적이 있다. 따라서 구속은 하나님께서 그리스도를 통한 최종 목적을 달성하시려는 인간에 대한 언약의 성취 과정 중에서의 섭리인 것이다.

또한 언약의 성취는 믿음의 눈으로 하나님 나라의 도래를 경험하는 것이다. 에덴동산의 타락 이후 아브라함을 통해 약속된 하나님 나라는 다윗과 솔로몬을 통해 그림자로서의 하나님 나라를 가시적으로 보여주었고, 그리스도를 통해 이미 우리 안에 도래케 하였다. 그리스도 안에서 가까이 온 하나님 나라는 그리스도의 재림을 통해 완성된 하나님 나라로써 임할 것이다. 이것이 복음이다.

3 장 * 복음 — 구원을 말하다

Gospel, Tell the Salvation

복음이란

하나님의 모든 계시가 자신에 대한 것이며

동시에 스스로 모든 것을 성취하신

예수 그리스도에 대한 이야기로

그리스도를 통한 구원 성취에 대한 복된 소식이다.

Tell the Gospel

94 복음을 말하다

3장 _ 복음, 구원을 말하다

Gospel, Tell the Salvation

아들을 낳으리니 이름을 예수라 하라

이는 그가 자기 백성을 그들의 죄에서 구원할 자이심이라 하니라

마태복음 1:21

1. 구속역사

성경에 계시된 구속역사를 간략히 진술하여 보자. 하나님의 창조와 인간의 타락 그리고 구원에 대한 약속은 창세기 1-3장 안에 모두 계시 되어 나타난다. 특별히 창세기 3장에 나타난 하나님의 심판과 은혜는 그의 공의 앞에서 심판받아 마땅한 인간을 보존하심과 동시에 뱀을 심판하심으로 최초의 복음을 나타내고 있다(창 3:15).

죄가 들어왔음에도 불구하고 하나님의 일반은총은 계속해서 세상에 베풀어져 세상을 보존하였다. 하지만 하나님께서는 아

담의 타락 이후 불경건한 가인의 계열과 경건한 셋의 계열의 대조 가운데 당대의 의로운 자 노아를 통해 구원의 역사와 새로운 세상을 향한 희망을 갱신하신다. 여기에서 우리는 하나님께서 새로운 인류와 새로운 관계 혹은 관계 회복을 원하셨음을 알 수 있다.

그리고 이제 하나님께서는 온 세상과의 언약 체결에서 한 개인과의 언약 체결로 그의 나라를 위한 구체적인 계획을 드러내신다. 그것이 바로 아브라함의 언약이다. 아브라함과의 언약은 이후 이스라엘 역사 안에서 언약 백성들을 하나님의 나라로 이끄시는 하나님의 주권적인 구원 역사를 반복적이고 점진적으로 나타낸다.

아브라함 언약의 중요성은 하나님의 언약으로서 하나님 나라에 대한 약속이라는 것에 있다. 그렇기에 아브라함의 후손들이 하나님의 백성이 되어 그의 다스림을 받게 되는 약속의 관점에서 아브라함의 모든 이야기가 이해되어야 한다. 특별히 약속의 성취로 주어진 독자 이삭을 희생제물로 바치라는 하나님의 명령은 약속 성취에 대한 충돌을 일으켰지만, 이로 인해 하나님을 향한 아브라함의 경외심과 믿음이 인정되었다.

아브라함의 언약에 따라 그의 후손들은 애굽에서 사백 년 동안 종살이를 하게 되었고, 출애굽의 놀라운 구원 사건을 통해 자유케 되어 시내산에서 하나님과 언약을 체결한다. 시내산에서 주어진 율법의 배후에는 두 가지 중요한 사건이 놓여 있다.

아브라함 언약과 출애굽 사건이다. 하나님의 기억하심과 언약에 따른 종살이로부터의 구원과 자유는 율법이 그들에게 또 다른 형태의 속박이 아님을 알려준다. 시내산 사건은 하나님께서 자신의 은혜에 기초하여 그들을 자기 백성으로 삼으시려는 그 목적의 맥락 안에서 아브라함에게 주신 약속들을 성취해 가시는 은혜의 과정으로 이해해야 한다.

율법의 의미는 은혜로 말미암아 하나님의 백성이 된 이스라엘에게 그 백성 됨이 무엇인지, 어떻게 사는 것이 합당한 삶인지를 알려 준다. 율법에 순종하면 복, 불순종하면 벌이라는 개념은 기본적으로 구원이 하나님의 거룩함으로의 초대이기에, 율법을 지킨 결과가 구원의 복이라는 해석이 결코 나올 수 없다. '거룩 하라'는 요구는 하나님께서 은혜로 베푸신 구원이 전제되어 있는 것이다.

민수기는 출애굽 이후 시내산에서 약속의 땅에 들어가기까지의 여정을 담고 있고, 신명기는 출애굽과 시내산 언약을 경험하지 못한 광야 세대들에게 언약을 갱신한 내용을 담고 있다. 그 언약의 약속들을 향한 순종과 불순종, 땅의 정복과 분배를 다룬 이야기가 여호수아와 사사기다. 하나님 편에서 이스라엘에게 약속하신 것을 이루심과 인간 편에서 하나님의 명령에 불순종하는 내용이 주를 이룬다. 특별히 사사기에 나타난 사사들의 승리는 하나님께서 약속하신 땅에서의 구원 활동이며, 구원의 모형이 된다.

사사기 말기에 선지자이자 사사인 사무엘은 단에서 브엘세바에 이르는 전 국가적인 선지자로 활동하였다. 그는 사사시대에서 왕정 시대로 전환하는 기틀을 마련해 놓았는데, 그것은 왕에게 기름을 붓는 것과 백성들에게 왕정국가에 대한 다짐을 받는 것이었다. 하지만 왕정국가로의 전환에는 이미 이스라엘 백성들이 하나님의 왕 되심을 거부하는 동기가 깔려있었다.

왕정 시대가 제대로 자리 잡히기 시작한 것은 사울이 아니라 다윗 때부터로 보아야 한다. 특별히 다윗 시대에 이른 태평성대는 언약의 성취이다. 약 400년이 넘는 여호수아와 사사기 시대 동안 가나안 일곱 족속의 위협을 모두 제거하고 나라의 안녕을 가져왔기 때문이다. 이후 솔로몬 때 성막에서 성전으로 발전하게 되고, 하나님께서는 성전을 통해 그의 임재와 통치를 나타내셨다.

정리를 하면, 출애굽 이후로부터 솔로몬의 통치까지의 역사는 시내산 언약에 내포된 하나님 나라의 이상이 어떻게 실현되었는가의 관점에서 보아야 한다. 율법을 거울삼아 하나님의 나라를 이 땅 가운데 실현한 것이다.

솔로몬 이후에 선지자들의 시대에는 율법을 거울삼아 하나님 나라 백성으로서 그 행위의 부족함을 질타하며 언약 백성 본연의 모습으로 돌이킬 것을 선포한다. 즉 종교적 사회적 불의와 우상숭배와 배교를 그만두고 하나님을 찾고 하나님께로 돌아오라는 것이다. 하지만 언약을 깨뜨리고 그 상태에서 더 심각한

범죄를 저지른 북이스라엘은 앗수르의 침공으로, 남유다는 바벨론의 침공으로 하나님의 심판을 받았다.

포로기 이후 시대는 하나님의 전 우주적 심판과 구원이 묵시의 형태로 계시 된다. 현재 시대의 종말과 미래 시대의 소망이 하나님 나라 건설로 약속되었다. 출애굽에서 솔로몬 시대의 역사와 동일하게 하나님 나라의 회복을 구조적 측면에서 계시하면서, 새 하늘과 새 땅이라는 새로운 창조를 통한 영원하며 완전한 나라가 계시되었다. 그 이면에는 아브라함과 그의 후손들과 맺은 언약적 사랑이 깔려있다.

하나님께서 약속하신 하나님 나라가 그의 택한 백성들에게 주어지기 위해서는 무엇이 선행되어야 하는가? 완전한 하나님의 공의가 만족되어야 한다. 왜냐하면 하나님의 공의가 죄를 범한 사람으로 하여금 자기 죄의 값을 치를 것을 요구하기 때문이다. 하지만 스스로 죄인인 사람은 다른 사람을 위해 값을 치를 수가 없기 때문에 참 사람이신 중보자가 오셔야만 했다.

2. 오직 예수 그리스도

우리가 예수님을 믿는 이유는 무엇인가? 왜 우리는 오직 예수만을 믿어야만 하는가? 이 질문에 대한 답은 이 땅에 존재했던 모든 사람을 통틀어서 참 하나님이시면서 동시에 참 사람으로 존재하신 분이 예수님 한 분 밖에 없기 때문에 우리는 예수님만을 믿는다.

1) 참 하나님 그리스도

우리는 은혜 언약의 유일한 중보자이신 예수 그리스도께서 참으로 하나님이심을 믿는다. 하지만 초대 교회 당시 인간의 이성에 근거해서 '어떻게 하나님이 인간이 될 수 있는가?' '어떻게 신성이 인성 안에 거할 수가 있는가?'라는 반문으로 그리스도의 신성이 거부되곤 했었다. 하지만 성경은 분명히 그리스도의 참된 신성을 증거하고 있다. 이것을 네 가지로 살펴보자.

> 이는 한 아기가 우리에게 났고 한 아들을 우리에게 주신
> 바 되었는데 그의 어깨에는 정사를 메었고 그의 이름은 기
> 묘자라, 모사라, 전능하신 하나님이라, 영존하시는 아버지라,
> 평강의 왕이라 할 것임이라 _ 이사야 9:6

첫째, 그는 영원한 말씀이시다. 말씀이 육신이 되기 전 그는 영원한 하나님으로 존재하셨다. 그는 영원부터 하나님과 함께 계셨고, 스스로가 하나님이셨다(요 1:1~3).

둘째, 그는 '주' 되신다. 하나님께서 자신과 동등한 본질을 소유함에도 불구하고 겸손히 낮아짐을 취하신 예수 그리스도를 향해 만물보다 뛰어난 '주'라는 이름을 주셨다(빌 2:9~11, 행 2:36, 2:20~21, 롬 10:13).

셋째, 그는 자비하신 하나님이시다. 예수님께서는 오직 하나님만이 행하실 수 있는 죄 용서(막 2:1~12)와 심판의 권세(마 25:31~46)를 스스로 행하셨고, 그 일이 실제로 성취됨으로 인해 하나님 되심을 증거 하셨다.

넷째, 그는 크신 하나님이시다. 신성의 모든 충만이 그 안에 거하시는 그리스도께서는 천사와 모세 그리고 대제사장보다 훨씬 크고 높으신 분이시다(히 1:4~2:9, 3:1~6, 4:14~5:10).

이와 같은 성경의 증거는 예수 그리스도께서 죄인의 구원을 위하여 성육하신 하나님의 영원한 아들이심을 분명히 보여주고 있다. 제2위 되신 하나님께서 친히 육신을 입으시고 '임마누엘'('하나님이 우리와 함께 하신다', 마 1:23)하심으로 인해, 하나님의 영광을 보고 만진 바 되게 계시하심을 믿는다. 그는 참 하나님이시다.

2) 참 사람 그리스도

우리는 예수님의 참 사람 되심을 믿는다. 만약 예수님이 참 사람이 되지 않으셨다면, 사람을 대표하여 하나님과 언약을 맺을 수가 없다. 참 사람이시기 때문에 모든 사람을 대표하여 하나님과 언약을 맺을 수 있는 것이다.

내 손과 발을 보고 나인 줄 알라 또 나를 만져 보라 영은
살과 뼈가 없으되 너희 보는 바와 같이 나는 있느니라 _ 누
가복음 24:39

예수님은 이 땅에서의 사역을 위해 스스로 낮추시고 스스로
역할을 제한하셨지만, 그렇다고 하여 그의 낮아지심이 본질적
열등, 본질적 종속, 이질적 존재, 유사한 존재를 의미하는 것이
아니다. 오히려 성자 예수님께서 성부 하나님과 완전 동일한
존재로, 영원한 참 하나님이시지만 성부 하나님의 뜻에 순종하
시기 위해 스스로 참 사람이 되셔서 겸손해지심을 택하셨다.

우리는 예수님께서 우리의 죄를 위해 우리와 같은 참 사람이
되어, 우리의 자리에 서서 대속의 은혜를 베푸셨음을 믿는다.
하지만 그리스도의 사람 됨 혹은 성육신을 부인하는 자들이 있
다. 단지 모습만 인간처럼 보였을 뿐이며, 실제 인간의 몸을 취
하진 않았다고 하는 '가현설'을 주장하는 자들이 있었다. 인간
처럼 보였을 뿐, 인간이 아니며, 오직 하나님일 뿐이다는 주장
이다. 하지만 그렇게 된다면 성경이 증거하고 있는 예수님의
식사, 치유 행위 뿐 아니라 십자가 못 박히심 등이 모두 거짓
이 되어야 할 것이다.

예수님께서 참 사람이신 증거를 성경에서 찾을 수 있다. 복
음서를 보면 예수님의 성령 잉태, 출산, 그리고 성장 과정에 대
해 간략하지만 기록이 되어 있다(막 6:1-6; 눅 2:40-52; 히 5:8).

그리고 예수님께서는 인간적이고 육체적인 감정인 기쁨(눅 10:21; 요 15:11)과 슬픔(마 26:37; 막 14:32-42; 15:34; 요일 1:33-38)과 분노(막 3:5) 등의 모든 감정을 느끼셨고, 피곤함(요 4:6), 갈증(마 11:19; 요 19:28), 배고픔(마 4:2; 21:18), 그리고 십자가 못 박히신 고통(요 19:34)을 그대로 느끼셨음도 기록이 되어 있다. 그리고 예수님 스스로도 자신을 '인자'라 칭하셨고(요 8:40; 행 2:22; 롬 5:15-19; 딤전 2:25; 고전 15:21), 부활 이후에도 몸의 부활을 친히 증거 하심이 기록이 되어 있다(눅 24:39). 이 기록들을 통해 우리는 예수님께서 참 사람이심을 믿는 것이다.

> 자녀들은 혈과 육에 속하였으매 그도 또한 같은 모양으로
> 혈과 육을 함께 지니심은 죽음을 통하여 죽음의 세력을 잡
> 은 자 곧 마귀를 멸하시며 _ 히브리서 2:14

정리를 하면, 비록 그리스도의 지상 사역 가운데 스스로 낮추시고 스스로 역할을 제한하셨지만, 우리는 그가 참으로 하나님이시며, 참으로 인간으로써, 성부 하나님과 완전 동일한 존재로, 그리고 인간과 완전 동일한 존재로 이 땅에 오셨음을 믿는다.

3) 무죄하신 중보자

우리는 예수 그리스도의 무죄성을 믿는다. 하지만 예수님의 인성에 의문을 품는 자들은 모든 사람은 죄 가운데 태어난다는

점을 지적하며 그의 무죄성을 부인한다.

그가 우리 죄를 없애려고 나타나신 것을 너희가 아나니
그에게는 죄가 없느니라 _ 요한일서 3:5

하지만 우리의 대답은 이렇다.

첫째, 그리스도께서는 성령 하나님의 잉태케 하심으로 인해 죄 없는 가운데 태어나셨다. 또한 그가 우리와 동일한 참된 인성을 소유하시지만 그가 죄가 없으시다는 것이 다른 점이다.

둘째, 우리는 무죄한 구원자가 필요했다. 만일 그가 죄가 있으시다면 그는 우리를 대신하여 우리의 자리에 서서 대속의 사역을 감당하지 못했을 것이다.

셋째, 그리스도께서는 모든 다른 사람들과 동일하게 외부적인 유혹과 범죄 가능성을 가지고 계셨다. 만약 그가 그 어떠한 유혹의 가능성과 범죄 가능성이 없다면, 그의 참된 인성은 의심될 것이다. 그가 우리와 동일한 인성을 소유하고 계심은 그 역시 사탄의 시험을 우리와 똑같이 겪으심을 볼 때 증명이 된다.

참고로 예수님께서도 사탄에게 시험을 받으셨다. 하지만 유혹 가능성은 죄가 될 수 없다. 이는 타락 이전에 아담이 사탄으로부터 유혹을 받았듯이, 유혹을 받는 거 자체가 범죄가 아님을 알 수 있다. 히브리서 기자는 예수 그리스도께서 "모든 일에 우리와 한결같이 시험을 받은 자로되 죄는 없으시니라"(히 4:15)고 하였다.

예수님은 거룩하고 흠과 죄가 없으신 참 사람이셨다(요 6:69; 고후 5:21; 히 7:26; 9:14; 벧전 2:22; 요일 3:5). 참사람으로써 우리의 자리에 서서 대속의 은혜를 이행할 수 있었고 하나님의 언약과 율법을 완벽하게 성취하여 하나님과 사람 사이에 유일한 중보자가 되시는 것이다.

4) 그리스도의 삼중직

구약에서 오직 선지자와 제사장과 왕 이 세 직분만이 기름 부음을 받았고, 그 세 직분을 메시아 되신 예수님께서 그의 사역 가운데 성취하셨다.

구약 성경에는 하나님의 말씀을 받아 백성들에게 전달한 모세와 같이 장차 하나님의 뜻을 전달한 '그 선지자'가 나온다고 (신 18:15) 하였다. 출애굽 당시 모세가 이스라엘의 선지자요, 제사장이요, 왕과 같은 존재였다면, 최종적으로 참 선지자요, 유일한 대제사장이요, 그리고 영원한 왕으로 예수 그리스도께서 오신다는 말이다.

예수님께서는 기름 부음을 받은 자로서 세 가지 직무 곧 선지자, 제사장, 그리고 왕의 직무를 이행하셨다.

첫째, 예수님께서 선지자로서 어떤 일을 하셨을까? 먼저 예수님은 구약의 율법을 문자적으로 이해하고 적용하던 시대에 그 율법의 의미를 도덕적이고, 영적인 면에서 깊이가 있고, 정확하고 완전하게 해석해 주셨다. 그리고 구약의 메시아에 대한 예언을 몸소 성취하셨다. 그의 나심부터 시작하여 그가 표적으로 제시하시는 내용도 모두 말씀의 성취이다.

둘째, 예수님께서는 제사장으로서 어떤 일을 하셨을까? 예수님께서는 다윗의 후손으로 오셨지만, 인간의 혈통으로써 제사장 계열이 아니라 멜기세덱의 반차(히 6:20)를 따라 오셨다. 이는 그리스도께서 하나님으로부터 영원한 제사장으로 오사 그의 백성들을 하나님 앞으로 나아가게 하신다는 말이다. 그리스도께서는 순결한 중보자 되신 자기 자신의 성결로 우리와 하나님을 화해시키신다. 그는 제사장으로서 우리의 죄를 향한 하나님의 진노를 풀기 위해 제물을 가지고 나오셨는데, 그 제물이 바로 자신의 죽음이다(히 10:10). 예수님께서는 어린 양되신 자신의 목숨을 많은 사람의 대속물로 내어 주셨다. 그 영원한 가치인 희생 제사를 금과 은이 아닌 자신의 몸을 희생 제물로 드리셨다. 죄 없는 완전한 하나님 되신 예수님께서 희생제물이 되었으니 이 제사는 완벽한 제사가 된다. 그렇기에 이제는 더 이상 다른 희생 제사가 필요치 않다. 우리가 하나님께 직접 나아갈 수 있는 길이 열린 것이다.

셋째, 예수님께서는 왕으로서 어떤 일을 하셨을까? 예수님께서는 태어날 때부터 왕으로 오셨고, 그가 죽으실 때도 스스로 왕(요 19:21)이라 말했다는 이유로 십자가형을 받으셨다. 그렇다면 실제 예수님께서는 왕으로서 어떤 역할을 하셨을까? 예수 그리스도를 구주로 믿는 자는 그 영원함을 누리게 되며, 그 영원함 가운데 주어지는 모든 구원의 유익을 얻게 된다. 그리스도께서는 자신이 선지자와 제사장의 역할을 감당하심 위에 왕으로서 역사하신다. 그리스도의 왕권은 그의 택한 백성들인 그의 교회에 나타난다. 그는 왕으로서 그의 나라인 그의 교회를 통치하시고 보호하신다. 그의 몸 된 교회가 마지막 날에 완성될 때까지 그의 왕권이 힘을 발휘한다. 지금도 온 세상의 창조주 되시고, 온 세상의 주인 되신 예수님께서 하나님 보좌 우편에서 왕으로서 우리를 보호하고 다스리신다.

5) 예수 그리스도 안에 계시 된 하나님의 나라

하나님의 완전한 형상인 예수 그리스도(골 1:15~20)는 하나님의 모든 계시가 자신에 대한 것임을 알게 하실 뿐 아니라 동시에 스스로 친히 모든 것을 성취하신다(히 1:1~2, 고후 1:20). 특별히 구약과 신약 전체가 그리스도에게 집중되고 있다면, 그리스도의 복음의 관점에서 성경 전체를 이해해야만 하며, 예수님께서 성경 해석의 열쇠가 되심을 알 수 있다.

복음이란 하나님께서 믿는 자 안에서 지금 행하고 있는 것도 포함하지만, 하나님께서 우리를 위하여 그리스도 안에서 이미 행하신 일을 선포하는 것까지 생각해야 한다. 즉 그리스도의

성육신, 공생애, 십자가 죽음, 부활, 승천, 그리고 재림의 약속
을 전하는 것과 그것에 따른 현재의 삶이 복음인 것이다.

우리가 흔히 복음을 '하나님 나라(천국) 복음'이라(마 4:23,
9:35, 24:14) 부르는 이유는 복음의 주제가 하나님 나라와 연관
되며, 복음이 하나님 나라의 도래에 대한 기대와 성취를 담고
있기 때문이다.

> 하나님의 나라는 먹는 것과 마시는 것이 아니요 오직 성
> 령 안에 있는 의와 평강과 희락이라 _ 로마서 14:17

구약 성경에서 하나님 나라는 에덴동산, 이스라엘의 역사, 미
래적 묵시 등을 통해 점진적으로 계시 되었다면, 신약 성경에
서 하나님 나라는 그리스도 안에서 계시 되었다. 구약에서 하
나님의 나라의 임재와 통치가 성전을 통해 드러났다면, 신약에
서 예수님께서 스스로 성전 되심을 증거 하시며, 하나님의 임
재하심을 보다 실질적으로 성취하셨다. 그것은 하나님 나라의
장소란 곧 예수 그리스도 자신이란 의미이다. 예수님은 전적으
로 성부 하나님의 뜻에 순종하여 사역하셨고, 이는 전적으로
성부 하나님의 통치를 받아들이며, 그 자신 전체를 전적인 하
나님의 나라로 내어드린 것이다. 그가 친히 율법의 모든 말씀
을 성취하시고 말씀으로 다스리신다. 결국 종말에 이르러 "보
라 하나님의 장막이 사람들과 함께 있으매 하나님이 저희와 함
께 거하시리니 저희는 하나님의 백성이 되리라"(계 21:3)는 말씀

이 그대로 이루어질 것이다.

하나님의 나라는 하나님의 다스림과 그 다스리심을 받는 하나님의 백성으로 정의할 수 있다. 그리고 하나님의 백성은 성령님 안에서 머리 되신 그리스도와 연합하게 된다. 그런 의미에서 예수님은 하나님 나라의 진정한 처소이요, 하나님의 진정한 백성이며, 하나님의 진정한 다스리심의 실체가 되신다.

3. 오직 믿음

세례 요한과 예수님께서 회개를 요청하며 하나님 나라 도래의 임박성을 선포하였다. 그렇다면 어떻게 해야 임박한 하나님 나라에 속할 수 있을까? 회심이다. 회심은 하나님께로 돌아가는 것이다, 그렇다면 무엇을 통해서 하나님께로 돌아갈 수 있을까? 바로 믿음과 회개를 통해서다. 먼저 믿음에 대해서 살펴보자.

1) 참된 믿음

우리는 믿음으로 말미암아 의롭다 일컬음을 받는다. 그렇다면 의롭다 일컬음을 받게 하는 그 믿음이란 무엇인가? 먼저는 성령 하나님께서 선물로 주신 그 믿음이 그 마음속에 자리 잡아 중생케 됨을 기억하자. 항상 중생이 먼저이다. 중생케 하심을 통해서 믿음이 '선물'(엡 2:8)로 주어진다.

너희는 그 은혜에 의하여 믿음으로 말미암아 구원을 받았
으니 이것은 너희에게서 난 것이 아니요 하나님의 선물이라
_ 에베소서 2:8

믿음은 참된 그리스도인에게 있어서 가장 근본적인 요소라 할 수 있다. 이렇게 말할 수 있는 이유는 믿음이 없이는 하나님을 기쁘시게 할 수 없기 때문이다.

그렇다면 참된 믿음이란 무엇일까? 참된 믿음이란 두 가지 측면을 가지고 있다. 첫째, 하나님께서 자신의 말씀으로 우리에게 계시하여 주시는 모든 내용이 전부 진실하다는 것을 아는 것이다. 둘째, 성령 하나님에 의해서 복음 진리와 하나님의 약속에 대해 개인적으로 확신하는 것이다. 오직 그리스도를 통해 오직 은혜로 하나님의 죄 용서로 말미암는다는 것을 신뢰하는 것이다.

믿음은 하나님의 말씀을 아는 것과 그 하나님의 말씀이 나에게도 동일하게 적용됨을 확신(신뢰)하는 것이다. 우리는 복음이 우리에게 약속하는 모든 것을 믿는 것이 바로 참된 믿음임을 알고 그 믿음을 지키고자 힘써야 한다.

2) 믿음의 세 가지 요소

이 참된 믿음을 조금 더 세부적으로 보면 구원을 이루는 참된 믿음은 세 가지 요소를 담고 있다.

첫째, 먼저 성경이 하나님의 말씀인 것을 아는 지식과 더불어 그 하나님의 말씀이 어떤 의미를 가지고 있는가를 아는 것이다. 무엇을 믿을지 알지 못하는데 어떻게 믿을 수 있을까? 그렇기에 믿음은 하나님의 말씀에 대한 지식이 우선이다. 바로 지적 요소이다.

둘째, 그 지식이 옳고, 확실하기에 그것에 찬성하고 동의하는 것이다. 머리로는 맞는 거 같은데 마음이 안 내키면 믿을 수 있는가? 아니다. 믿음은 또한 마음으로 동의하는 것이다. 바로 감정적 요소이다.

셋째, 이 모든 것의 핵심이요, 이 모든 것의 근원이 되시는 예수 그리스도를 신뢰하는 것이다. 그에게 진실로 인격적으로 기대어 자신을 맡겨야 한다. 바로 의지적 요소이다.

구원을 이루는 참된 믿음의 대상 역시 예수 그리스도시라면, 그 참된 믿음이 주는 약속은 무엇일까? 바로 삼위 하나님과의 하나 됨을 영원히 누릴 수 있는 영원한 생명이다. 그렇다면 이 구원에 이르러 영원한 생명을 얻게 하는 참된 믿음은 누구에게서 나오는 것인가? 성부 하나님이시다. 오직 성부 하나님의 은혜로 말미암아 우리는 영원한 생명을 소유하게 되는 것이다.

믿음은 하나님의 선물이다. 그렇기에 믿음이 주어진 이후 그리스도를 향한 지식을 소유하고, 그리스도를 향한 진리에 동의하고, 그리스도를 향해 인격적으로 의지하는 자는 반복해서 이 믿음의 행위를 해야 한다. 이것은 바로 그리스도를 아는 일에 힘쓰고, 그 진리를 알고 아멘으로 화답하며, 그 진리 안에 있는 모든 약속에 의지하여 하나님의 자녀답게 사는 것이다. 그것이 우리가 믿음으로 이 세상을 이기는 자의 삶을 사는 것이고, 그렇게 믿음은 깊어진다.

> 그러므로 형제들아 더욱 힘써 너희 부르심과 택하심을 굳게 하라 너희가 이것을 행한즉 언제든지 실족하지 아니하리라 이같이 하면 우리 주 곧 구주 예수 그리스도의 영원한 나라에 들어감을 넉넉히 너희에게 주시리라 _ 베드로후서 1:10-11

3) 예수님의 무엇을 믿어야 하는가?

우리가 예수님에 대한 믿음을 고백할 때 예수님의 무엇을 믿는다고 고백을 할까? 이는 사도신경을 배경으로 기본적인 믿음 두 가지와 구체적인 믿음 다섯 가지로 정리를 할 수 있다.

기본적인 믿음 두 가지는 다음과 같다. 첫째, 예수님께서 하나님의 아들이심을 믿는 것이다. 둘째, 예수님이 나의 주 그리스도가 되심을 믿는 것이다.

구체적인 믿음 다섯 가지는 다음과 같다. 첫째, 예수님이 하나님의 아들을 믿는 것이다. 둘째, 예수님이 내 죄를 대신하여 십자가에 달려 죽으셨음을 믿는 것이다. 셋째, 예수님이 죽음의 권세를 깨고 삼일 만에 부활하셨음을 믿는 것이다. 넷째, 예수님이 승천하셔서 지금도 하나님 우편에 계신 것을 믿는 것이다. 다섯째, 예수님이 심판주로 재림하실 것을 믿는 것이다. 이렇게 예수님 그 자신과 예수님이 행하신 그 일을 알고 확신할 때 우리는 예수님을 믿는다고 말할 수 있다.

4) 칭의

성령 하나님의 은혜로 우리가 믿음을 가질 때 우리에게는 신분에 변화가 일어난다. 그것이 바로 '칭의'이다. 칭의란 "오직 의인은 믿음으로 말미암아 살리라"(롬 1:17; 갈 3:11; 히 10:38)의 말씀과 같이, 믿음으로 말미암아 의롭다 칭함을 받는 것이다.

(1) 칭의의 독특성이 무엇일까?

칭의는 죄인의 신분에 영향을 준다. 우리가 하나님의 부르심에 응답을 하고, 중생케 되고, 회심하여 하나님께 돌아가고, 회개하는 삶을 살고, 믿음을 실천하고, 성화의 삶을 사는 것, 이모든 것들이 우리 안에서 일어난다. 우리 속사람이 변화되는 것이다. 그렇기에 칭의는 우리 밖에서 우리를 향해 말하는 것이다. 우리가 예수 그리스도를 우리의 구주로 믿을 때 우리가 구원을 받는 것처럼, 죄인인 우리가 예수님의 의에 근거해서 의롭다고 불리는 것이다.

> 복음에는 하나님의 의가 나타나서 믿음으로 믿음에 이르 게 하나니 기록된 바 오직 의인은 믿음으로 말미암아 살리 라 함과 같으니라 _ 로마서 1:17

특별히 이 '칭의'는 법정적 용어이다. 이 칭의는 죄인인 '우리가 더 이상 죄책을 질 필요가 없다', '죄 사함을 받았다, 그래서 의인이다'고 말하는 하나님의 법적 선언 행위인 것이다. 인간 내부에서, 우리 안에서 타락된 본성을 따르지 아니하고 죄의 오염된 부분을 제거하고자 하는 거룩을 열망하는 모습이 아니라, 믿음이 우리에게 선물로 주어져서 우리가 믿어지게 될 때, 모든 죄책이 제거되어 완전히 의롭게 된 신분으로서 의인 이라 일컬어진다.

> 하나님이 죄를 알지도 못하신 이를 우리를 대신하여 죄로 삼으신 것은 우리로 하여금 그 안에서 하나님의 의가 되게 하려 하심이라 _ 고린도후서 5:21

물론 오해를 하지 말아야 하는 것은, 우리가 믿는다 하더라 도 우리는 반복해서 죄를 짓는다는 사실이다. 그 이유는 로마 서에서 말하듯이 하나님의 말씀대로 사는 것이 우리의 원함이 지만, 우리 안에 죄가 여전히 거하고 있기 때문이다. 그래서 우리는 여전히 타락된 본성이 가지고 있는 죄와 싸우며 살아야 한다. 사도 바울 역시도 복음과 이신칭의 진리를 말한 뒤 진리 안에 자유케 됨을 말하면서도, "오호라 나는 곤고한 자로다 이 사망의 몸에서 누가 나를 건져내랴"(롬 7:24)라고 말하였다. 왜 이런 말을 했을까? 예수 그리스도로부터 직접 복음을 받았고, 직접 복음을 가르치고, 교회를 세우고, 제자를 양육하는 사도 바울 자신도, 복음을 로마의 교인들에게 가르치고 선포하는 자기 자신도 죄를 반복해서 짓기 때문이다.

그럼에도 불구하고 그리스도가 의롭기 때문에, 그가 완전한 의를 성취하였기 때문에, 그 의에 힘입어 우리 역시도 의롭다 칭함을 받는다. 왜냐하면 그리스도께서 우리의 머리시오, 우리의 대표자시오, 우리의 중보자가 되시기 때문이다. 우리가 하나님의 심판대 앞에 서게 될 때 우리의 중보자 되시는 예수님의 의로 말미암아 우리는 의롭다 함을 인정받게 될 것이다. 이 믿음이 우리에게 있다면, 우리는 의인이다. 우리는 바로 이런 이신칭의 믿음으로 산다.

> 또 하나님 앞에서 아무도 율법으로 말미암아 의롭게 되지 못할 것이 분명하니 이는 의인은 믿음으로 살리라 하였음이라 _ 갈라디아서 3:11

이 이신칭의의 가르침을 중심으로 하여 종교개혁가들은 성경의 핵심이 말하는 바, '그리스도인은 하나님의 영광을 위하여 살아야 하고, 오직 하나님만이 우리의 영광을 받으실 유일한 분이시다'(Soli Deo Gloria!)를 신앙고백하며 살도록 변화시켰다.

이 가르침이 칼빈의 신학과, 『하이델베르크 요리문답』과, 『웨스트민스터 표준문서』의 근본정신이요, 종교개혁의 정신이 되었다. 이전의 교황중심, 교회중심, 성례중심적 신앙관을 탈피케 하고, 하나님 중심적 신앙관으로의 대전환을 이루었는데, 바로 그 핵심 본문이 로마서 1:16-17의 이신칭의에 대한 가르침이다.

> 내가 복음을 부끄러워하지 아니하노니 이 복음은 모든 믿는 자에게 구원을 주시는 하나님의 능력이 됨이라 먼저는 유대인에게요 그리고 헬라인에게로다 복음에는 하나님의 의가 나타나서 믿음으로 믿음에 이르게 하나니 기록된 바 오직 의인은 믿음으로 말미암아 살리라 함과 같으니라 _ 로마서 1:16-17

(2) 복음의 능력

바울은 이신칭의를 말하면서 자신이 전파하는 복음이 부끄럽지 않다고 한다. 이 복음은 모든 믿는 자들에게 구원을 주시는 하나님의 능력이기 때문이다. 예수 그리스도의 십자가 죽음과 부활과 승천과 재림의 약속을 믿는 누구에게든 하나님의 구원하심은 동일하게 베풀어지는데, 그것이 하나님의 능력이다.

십자가의 도가 멸망하는 자들에게는 미련한 것이요 구원
을 받는 우리에게는 하나님의 능력이라 … 오직 부르심을
받은 자들에게는 유대인이나 헬라인이나 그리스도는 하나님
의 능력이요 하나님의 지혜니라 _ 고린도전서 1:18, 24

복음은 말하는 자의 능력이 아니다. 복음은 전하는 자의 학벌, 직업, 재산, 외모, 직분 등에 의해 능력이 나타나는 것이 아니다. 복음은 그 자체로 하나님의 능력이다. 목사가 전해도, 유치부 아이가 전해도 그곳에 하나님의 능력이 나타난다. 왜냐하면 복음의 능력은 인간에게 있는 것이 아니라 하나님께로부터 나오는 것이기 때문이다. 복음은 전하는 자의 말의 유창함과 경험에 의해 능력이 나타나는 것이 아니라, 하나님의 복음이기에 복음 그 자체에 하나님의 역사하심이 나타나는 것임을 분명히 알아야 한다.

또한 그 능력 있는 복음이 먼저는 유대인에게요 그리고 헬라인에게 전해진다. 이 말은 민족의 우월성과 차별성을 말하는 것이 아니라, 복음 전파를 위한 하나님의 경륜적 순서를 가리킨다. "오직 성령이 너희에게 임하시면 너희가 권능을 받고 예루살렘과 온 유대와 사마리아와 땅 끝까지 이르러 내 증인이 되리라"(행 1:8). 이는 유대인에게서 이방인에게로의 복음의 확장성을 말한다.

곧 예수 그리스도를 믿음으로 말미암아 모든 믿는 자에게
미치는 하나님의 의니 차별이 없느니라 _ 로마서 3:22

하지만 교회 역사 가운데 복음의 능력이 소수의 사람들의 소유로 둔갑한 시대가 있었다. 바로 타락한 교회상을 여실히 보여주는 중세 시대에는 복음의 능력이 차별 없는 하나님의 능력이 아니라, 교황과 사제들이 요구하는 모든 의식과 행위들을 준행하여야만 구원을 얻을 수 있고 그렇지 않으면 뺏기기도 하는 시대였다.

그렇다면 왜 당시 교회는 이렇게 잘못된 가르침에 대한 분별력이 없었을까? 이것을 바꾸는 게 왜 그렇게 힘들었을까? 이는 교권이 너무나도 강하였고, 순종이 미덕이요 천국 길이라고 잘못 가르치고, 잘못 믿은 까닭일 것이다.

애석하게도 지금이라고 별반 다르지 않다. 오늘날 성도들도 중세교회 성도들과 다를 바 없이 '목사님이 하신 말씀인데,' '설마 우리한테 잘못된 걸 가르치겠어?', '하나님의 종인데, 하나님의 사자인데, 하나님께서 세우신 분들인데, 다 교회를 위한 일인데'라고 생각하며 맹목적 신앙을 좋은 신앙, 바른 신앙으로 여긴다.

우리가 변질시킨 복음은 참으로 부끄러운 것이나, 예수님의 십자가 복음은 참으로 자랑스러운 것이다. 이단의 복음이 아니

라 참된 복음을 듣는 것, 참된 복음을 아는 것, 그것이 우리에게 복이 되고 자랑이 되어야 한다. 값싼 복음, 값싼 은혜로 교회의 문턱은 낮출지 몰라도, 그리스도의 피 값인 복음, 십자가의 은혜, 아들을 희생한 구원의 가치는 좁은 길이요 십자가의 길로 우리를 인도한다. 만약 그러지 못한다면, 우리는 그리스도인이 아니라, 오랜 시간 동안 맹목적 신앙생활에 훈련된 종교인에 불과할 것이다.

5) 칭의와 성화의 관계

중세 로마가톨릭교회에 폭탄으로 던져진 이신칭의 교리가 재발견되는 과정을 보면, 이것은 단순히 교회의 신학적 발전에서라기보다는, 교회 밖의 스콜라주의와 르네상스를 통한 질의에 의한 것이라 말할 수 있다. 교회 밖에서 '성경의 원전이 무엇을 말하는지를 교회는 알아야 하지 않느냐'는 질문이 던져졌다. 놀랍게도 이것이 종교개혁의 단초이자 이신칭의 교리의 재발견을 가능케 했다.

그런 배경 속에서 종교개혁자 마틴 루터(Martin Luther, 1483-1546)와 울리히 츠빙글리(Ulrich Zwingli, 1484-1531)와 칼빈은 성경 원어 연구에 기반한 성경 해석으로 종교개혁을 일으켰고, 인문주의의 틀을 이용하여 하나님 중심이요 하나님 주권 최고주의를 외치는 신본주의 신학을 구현하였다. 그뿐 아니라 종교가 모든 영역을 지배하던 중세시대를 탈피하여 하나님의 영역과 인간의 영역, 이성의 영역과 신앙의 영역에 대한 구분하기 시작했다.

이것이 왜 놀라운 변화일까? 그전까지는 모든 영역이 교회 아래 있었기 때문이다. '지구는 둥글다'고 주장한 갈릴레오 갈릴레이(Galileo Galilei, 1564-1642)가 재판을 받은 곳은 교회였고, 정치 사회적 대적자들이 '마녀 사냥'으로 처형된 곳도 교회였고, 정신적 문제를 치료하기 위해 퇴마술과 구타에 의한 치료 행위를 제공한 곳도 교회였기 때문이다. 교회가 모든 영역을 통치했다.

하나님의 영역과 인간의 영역을 서로 인정하고 분화되기 시작하면서 가장 뜨거운 감자 중 하나가 바로 이신칭의 교리였다. 중세교회는 하나님의 의를 이루기 위해서는 우리의 행위가 반드시 있어야 하고, 그 행위와 하나님의 은혜가 합쳐져서 협력하여 구원이 이뤄진다고 철떡 같이 믿었었다. 소위 신인협력 구원론이다.

하지만 이신칭의 교리는 이 교리를 부인한다. 구원은 오직 하나님의 영역이고 하나님의 사역이지 인간은 그저 은혜를 받을 뿐이다라고 밝힌다. 그러나 로마가톨릭교회는 여전히 천국 열쇠를 소유한 자신들이 정통이며, 자신들의 성례의 온전한 집행을 통해서만 구원의 은혜가 베풀어짐을 확언하였다.

다시 말해 로마가톨릭교회는 자기들이 정통교회고, 자기들에게 천국열쇠가 있고, 자기들에게 구원의 은혜가 있고, 자기들만이 참된 말씀의 유산이 있다고 한다. 하지만 정녕 그들이 한 일은, 참된 복음 전파를 방해하고, 바른 믿음을 방해하고, 성경적 교회 설립을 방해하고, 구원의 길에 들어서고자 하는 자들을 방해하고, 참된 교회 설립을 방해하는 것이었다. 이신칭의를 거부한다는 것이 바로 이런 의미이다.

오늘날에 '제대로 신앙생활 안 하면 받은 구원은 빼앗긴다'라는 공포스러운 말로 이신칭의 교리를 거부하는 사람들이 있다. 소위 '칭의유보론'으로 하나님께서 우리를 의롭다 일컫는 '칭의'는 유보되어 우리가 예수님을 나의 구주로 믿는 바로 그 순간이 아니라 미래에 확정된다는 것이다. 그들의 말은 우리가 복음을 믿어 중생할 때는 '이미의 칭의'만 얻고, 그 이후 성령님으로 성화의 삶을 살아낼 때 '아직의 칭의'를 얻는다는 주장이다.

이게 무슨 말일까? 한마디로 말해 믿음으로 의롭다 일컬음을 받더라도 성화의 삶을 살지 못하면 심판 때 최종 탈락할 수 있다는 것이다.

너희가 서로 거짓말을 하지 말라 옛 사람과 그 행위를 벗
어 버리고 새 사람을 입었으니 이는 자기를 창조하신 이의
형상을 따라 지식에까지 새롭게 하심을 입은 자니라 _ 골로
새서 3:9-10

칭의유보론자들은 '한번 구원받으면 아무리 죄를 지어도 천
국에 간다'는 가르침 때문에 일부 한국교회 목회자와 성도들이
범죄를 거리낌 없이 하고 있지 않느냐 라고 반문한다. 왜냐하
면 그들 관점에서 성경은 분명히 신자가 구원을 잃어버릴 수
있다고 주장하기 때문이다. 그렇기에 구원의 탈락 가능성을 제
대로 가르쳐서 칭의의 윤리적 명령에 경각심을 주고, 한국교회
의 도덕적 타락과 물질숭배를 개혁하자고 덧붙인다.

온전한 칭의는 반드시 거룩한 삶을 통해 하나님과의 지속적
인 관계 속에서 이해되어야 한다. 우리는 '나는 구원 받았으니
이제는 아무렇게나 살아도 천국 간다'는 의미로 복음을 믿지
않는다. 구원받으면 행함이 어떠해도 된다는 식의 값싼 구원의
복음을 마땅히 비판해야 한다.

하지만 우리가 결코 간과해서는 안 되는 것은 '의로운 삶을
살아내지 못하면 구원을 상실할 수 있다', '행함은 칭의의 조건
이다'라는 말들은 잘못된 주장들이라는 사실이다. 오히려 성경
은 윤리적 행위와 성화의 삶은 칭의의 열매요 믿음의 진정성을
입증해 주는 표라고 말한다.

그런즉 사랑하는 자들아 이 약속을 가진 우리는 하나님을
두려워하는 가운데서 거룩함을 온전히 이루어 육과 영의 온
갖 더러운 것에서 자신을 깨끗하게 하자 _ 고린도후서 7:1

하나님께서는 믿음으로 말미암아 그리스도 안에서 획득한 의
와 영생과 천국 시민권을 우리의 행위를 근거로 박탈하시겠다
고 성경 어디에서도 말씀하고 있지 않다. 만약 행위에 근거하
여 구원이 박탈된다면, 그것이 하나님의 뜻이요 계획이라면, 예
수님의 성육신과 십자가 고난과 부활을 통한 모든 구속 사역은
실패한 것으로 여길 수밖에 없을 것이다. 왜냐하면 '다 이루었
다'고 하신 예수님의 말씀이 결국에는 인간 스스로가 끝까지
'다 이루었다'고 증명해내야 성취되는 꼴이기 때문이다. 이와
같은 주장은 예수님께서 십자가에서 이루신 속죄의 완결성과
구원의 충족성을 불완전하고 불충분하게 만들어버리니, 결국
구원론 전체를 무너뜨려 버린다.

4
장
*
복
음
—
교
회
를
말
하
다

1. 부름 받은 공동체

1. 부름 받은 공동체

2. 거룩한 공동체

3. 예배 공동체

4. 세상 속 공동체

Gospel, Tell the Church

복음이란

죄인으로 하여금

하나님을 사랑하고 예배케 하는 통로요

그 한 사람 한 사람이 모여

교회 공동체로서 예배케 하는 복된 소식이다.

Tell the Gospel

4장 _ 복음, 교회를 말하다

Gospel, Tell the Church

하나님은 영이시니 예배하는 자가 영과 진리로 예배할지니라

요한복음 4:24

교회의 머리가 되시는 예수님께서는 온 인류로부터 영생에 이르도록 택하신 그 교회를, 자신을 위하여 세상의 시작부터 끝 날까지 모으시고, 보호하시고, 보존하신다. 그는 참된 믿음의 일치 안에서, 그의 성령과 말씀으로 행하신다.

그렇다면 우리는 어떻게 구원함을 얻고, 하나님의 통치 아래에 거할 수 있을까? 먼저 성령님께서 우리를 중생케 하시고 우리로 믿음을 고백케 하셔서 의롭다 칭하신다. 그리고 이신칭의 된 그리스도인의 삶을 살면서 성화의 여정을 거치게 하신다. 이 모든 것이 한 사람의 구원받은 그리스도인이 겪게 되는 구원의 서정이다. 그리고 구원받은 한 사람 한 사람이 모여 공동체를 이루게 될 때 그것을 우리는 '교회'라 부른다.

1. 부름 받은 공동체

1) 구원으로의 부름

오순절 성령 강림 사건 이후로 교회가 생겨났다. 교회는 그 단어가 가지는 의미상 '안에서 밖으로 불러내다'(에클레시아)의 뜻을 가진다. 하나님께서 부르신다. 하나님께서 그가 택한 백성들을 '하나님의 때에, 하나님의 방법으로' 자기 자신에게로 부르신다. 그렇게 부름 받은 자들의 모임을 '교회'라 한다.

놀라운 것은 성령 강림 사건 이후 교회가 탄생했을 때, 성령 충만한 주의 제자들은 어느 곳에서든지 하나님의 큰 일을 선포하는 일에 주저함이 없었다는 사실이다. 그들의 뜨거운 구령의 열정과 성령님의 역사로 날마다 제자의 수가 점점 늘어나는 교회 부흥의 시대가 시작되었다.

> 몸이 하나요 성령도 한 분이시니 이와 같이 너희가 부르심의 한 소망 안에서 부르심을 받았느니라 주도 한 분이시요 믿음도 하나요 세례도 하나요 하나님도 한 분이시니 곧 만유의 아버지시라 만유 위에 계시고 만유를 통일하시고 만유 가운데 계시도다 _ 에베소서 4:4-6

하나님의 큰 일이 선포될 때, 하나님께서는 그가 택한 백성들을 자기 자신에게 부르셔서 무엇을 하게 하실까? 하나님을 예배케 하신다. 하나님께서 자기 백성들을 부르신 목적은 바로 그들로 하여금 하나님을 예배하기 위함에 있다. 그 예배로 부르심을 받은 믿는 자들의 무리가 교회이다.

각 지역에 위치한 개체 교회들은 조직된 교회로서 그 모습을 갖춘 유형교회이지만, 그 외적인 조직과 직분은 근본적으로 모든 세대에 거쳐 모든 그리스도인 공동체에 그 본질이 있는 무형교회이다. 목사가 있느냐 없느냐, 장로가 있느냐 없느냐, 당회가 있느냐 없느냐, 자체 건물이 있느냐 없느냐, 중고등부 이상 성도가 20명 이상이 되느냐 아니냐가 교회됨의 본질이 아니다. 그리스도께서 한 분이듯이, 머리되신 그리스도께서 그의 택한 백성들이 그의 몸 된 공동체이듯이, 교회는 무형적이고 영적인 공동체임에 그 본질이 있다.

물론 교회가 한 사람의 그리스도인이 자신의 신앙을 온전히 고백하는지, 그 신앙 고백과 행위가 일치하는지를 확인해야 한다. 또한 교회가 말씀을 선포하고 세례와 성찬을 시행할 뿐 아니라 이 모든 예배와 성도의 교제를 위해 심방 사역을 하기 위해서 유형적인 조직을 갖춰야 한다. 왜냐하면 전 세계 모든 그리스도인들이 같은 시간 같은 장소에 정기적으로 모일 수도 없고, 예배와 성례를 동시에 시행할 수 없기 때문이다. 그렇기에 우리는 지역적으로 나누어 모이고 그 공동체 안에서 그리스도의 몸 된 교회 공동체를 실현해 간다. 다시 말해, 참된 예배 공동체의 모습을 실현하고자 현실적으로 개체 교회에 흩어져

모이는 것이다.

우리는 하나님께 구원으로 부름을 받은 영적이고 무형적인 교회이다. 또한 우리는 하나님의 구원으로 부름을 받아 함께 모여 예배하는 일에 힘쓰고 서로 봉사하는 지역적이고 유형적인 교회이다. 모든 유형 교회가 반드시 무형 교회는 아니다. 모든 유형 교회의 회원이라 할지라도, 중생함을 얻지 못하여 무형 교회의 참 회원이 되지 못하는 자도 있다. 그렇기에 우리는 구원받은 공동체로서 하나님을 예배하기 위해 부름을 받았다는 그 사실을 늘 기억하며 교회의 본질에 충실하도록 노력해야 한다.

2) 거룩한 공회

교회란 하나님을 예배하기 위해 하나님이 부르신 무리들이다. 또한 머리 되신 그리스도와 연합하여 한 몸을 이루는 것이 바로 교회이다. 교회에 대한 정의가 그러하다면, 지상에 있는 본질적 교회의 속성은 무엇일까?

> 그러나 너희는 택하신 족속이요 왕 같은 제사장들이요 거룩한 나라요 그의 소유가 된 백성이니 이는 너희를 어두운 데서 불러내어 그의 기이한 빛에 들어가게 하신 이의 아름다운 덕을 선포하게 하려 하심이라 _ 베드로전서 2:9

먼저 우리가 사도신경에서 고백하는 '거룩한 공회'를 풀어서 말하면 '하나의 거룩한 사도적 보편 교회'이다. '하나'라는 말은 무형교회를 뜻한다. 그리스도와 한 몸을 이루었다는 말이다. '거룩'이라는 말은 거룩하시고 완전하신 그리스도로 말미암아 구별 되고 그와 연합하여 거룩을 유지한다는 뜻이다. '사도적' 이라는 말은 베드로의 천국 열쇠가 전수되는 사도권을 말하는 것이 아니라, 사도들의 신앙과 가르침 위에 세워진 신앙 공동체를 뜻한다. '공'이라는 말은 '보편적이다'라는 뜻이다. 이 말은 단순히 전 세계에 퍼져 있는 많은 회원들을 뜻하는 것이 아니라, 모든 시대, 모든 지역, 모든 신자들을 포함한다는 말이다. 이것이 교회의 속성이다. 예수 그리스도의 영적인 지체가 교회의 본질이고, 그 교회가 바로 하나의 거룩한 사도적 보편 교회이다. 이것은 전적으로 무형적 교회에 대한 정의라 할 수 있다.

2. 거룩한 공동체

1) 참된 교회의 표지

지금의 우리가 출석하여 예배하는 유형적 교회가 참된 교회인지 아닌지 어떻게 구별할 수 있을까? 모든 교회들이 다 참된 구원 공동체일까? 수많은 교파와 교단들에 속한 교회들이, 정통성 혹은 이단성 논란이 있는 교회들 역시도 참된 구원 공동체일까? 우리가 출석하여 함께 예배의 자리에 있는 모든 교회 구성원들이 다 하나님께 선택받아 구원 받은 자들일까? 다른 말로 말해, 지상에 있는 모든 교회가 다 참된 교회일까? 그렇지 않다! 그렇다면 어떠한 교회가 참된 교회일까? 참된 교회를 판별하는 외적 표지는 무엇일까? 참된 교회가 나타내는 표지와 특성은 무엇일까?

칼빈은 이렇게 말했다: "하나님의 말씀이 순수하게 전파되고, 성례가 그리스도께서 세우신 제도를 따라 집행되는 곳에는 어디에나 의심할 바 없이 하나님의 교회가 존재한다"(『기독교강요』, IV.1.9)

(1) 말씀의 참된 전파

말씀의 참된 전파는 말씀이 전파 되고 있느냐 아니냐만 따지는 것이 아니다. 왜냐하면 말씀을 선포하지 않는 교회는 없기 때문이다. 그렇다고 해서 말씀이 선포되는 그 모든 강단의 말씀이 완전무흠하고 절대 순수하게 전파되고 있느냐도 아니다. 그러한 설교 말씀은 하나님의 말씀 봉독 외에 없기 때문이다.

말씀의 참된 전파는 하나님의 말씀인 성경의 진리가 우리의 믿음과 행위에 영향을 끼치느냐는 의미이다. 이것은 바로 성령님의 교통하심의 영역이다. 성령 하나님께서는 순수하게 전파된 말씀이 살아 역사케도 하시고, 우리의 믿음을 자극하여 그 진리에 감동되고 감화되어 결국에 순종까지 이르게 하신다.

너는 진리의 말씀을 옳게 분별하며 부끄러울 것이 없는
일꾼으로 인정된 자로 자신을 하나님 앞에 드리기를 힘쓰라
_ 디모데후서 2:15

(2) 성례의 정당한 집행

세례와 성찬이 은혜의 방편으로서 말씀의 참된 전파와 관련
되어 정당하게 집행되느냐이다. 종교개혁 당시 로마가톨릭교회
는 성경에 근거하지 않는 성례를 제정하여 집행하였고, 재세례
파들은 무분별하게 세례를 베풀었다. 말씀과 분리된 것이다. 뿐
만 아니라 이후에 활동한 구세군과 퀘이커는 성례 자체를 시행
하지 않는다.

그러므로 누구든지 주의 떡이나 잔을 합당하지 않게 먹고
마시는 자는 주의 몸과 피에 대하여 죄를 짓는 것이니라 사
람이 자기를 살피고 그 후에야 이 떡을 먹고 이 잔을 마실
지니 주의 몸을 분별하지 못하고 먹고 마시는 자는 자기의
죄를 먹고 마시는 것이니라 _ 고린도전서 11:27-29

하지만 세례와 성찬은 우리 주 예수 그리스도께서 친히 제정
하신 것으로 교회가 지속적으로 행해야 할 일들 중에 하나 임
이 분명하다. 그렇기에 이 두 가지 성례는 하나님의 말씀과 일
치된 가운데 예수님께서 오실 때까지 계속해서 집행되어야만

한다.

(3) 권징의 신실한 시행

말씀이 선포되고, 성례가 정당하게 집행된다면, 말씀과 성례 안에서 하나 된 그리스도인 공동체들이 그들의 믿는바 말씀의 순수성을 유지하고 반복되는 성례의 거룩성을 보호하는 일이 필요하다. 성례에 참여하기 위해서는 몸 된 교회 공동체를 돌보아 참된 말씀과 성례를 지키고 유지시키는 일이 필요하다. 그것이 바로 권징이다.

> 내가 천국 열쇠를 네게 주리니 네가 땅에서 무엇이든지
> 매면 하늘에서도 매일 것이요 네가 땅에서 무엇이든지 풀면
> 하늘에서도 풀리리라 하시고 _ 마태복음 16:19

정리를 하면, 분명한 것은 지상의 모든 유형 교회가 참된 교회가 아니며, 유형 교회에 속한 모든 자들이 다 구원받은 자가 아니라는 것이다. 오직 참된 교회의 표지가 올바로 실천되는 교회만이 참된 구원 공동체라 할 수 있다. 즉 참된 교회라면, 말씀의 참된 전파, 성례의 정당한 집행, 그리고 권징의 신실한 시행이 드러나야 한다. 이것이 성경적 원리에 근거한 참된 교회임을 기억하고, 우리는 그러한 교회로 세워나가야 할 것이다.

2) 직분자의 섬김

교회가 참된 교회로서의 표지를 어떻게 드러낼 수 있는가? 그리스도의 몸 된 교회가 이 땅 가운데 참된 교회로서 그 역할을 감당해 낼 수 있도록 하나님께서 교회 안에 허락하신 직분이 있다. 하나님께서 이 직분을 세우신 목적은 그리스도의 몸을 온전케 하는 것, 즉 참된 교회가 되게 하는 데에 있다. 그렇다면 그 직분에는 어떠한 것들이 있을까?

> 그가 어떤 사람은 사도로, 어떤 사람은 선지자로, 어떤 사람은 복음 전하는 자로, 어떤 사람은 목사와 교사로 삼으셨으니 이는 성도를 온전하게 하여 봉사의 일을 하게 하며 그리스도의 몸을 세우려 하심이라 _ 에베소서 4:11-12

에베소서 4:11-12에서는 성도를 온전케 하고 봉사의 일을 하게 하여 그리스도의 몸을 세우고자 어떤 사람은 사도로, 어떤 사람은 선지자로, 어떤 사람은 복음 전하는 자로, 어떤 사람은 목사와 교사로 삼으셨다고 한다.

하지만 신약 성경에 나타나는 사도나 선지자나 복음 전도자들은 초대 교회 상황에서 특수한 역할을 감당한 직분자로 여겨지고 더 이상 현재의 교회에는 없는 직분이다. 그렇기에 지금 우리들의 교회에 주어진 직분으로는 무엇이 있을까?

하나님께서는 교회의 머리 되신 예수 그리스도의 통치 대행으로 직분자를 세워 교회와 성도를 온전케 하신다. 교회에는

'항존직'이 있다. 즉 교회에 항상 존재해야 하는 직분으로 목사, 장로, 집사의 세 직분을 들 수 있다.

첫째, 목사란 어떠한 직분인가? 목사는 '말씀의 사역자'로, 말씀을 공적으로 선포하는 직무를 부여 받을 뿐 아니라 성례집례, 기도와 찬송의 인도 등 예배 전체의 인도자로 봉사한다. 디모데전서 5:17을 보면 "잘 다스리는 장로들은 배나 존경할 자로 알되 말씀과 가르침에 수고하는 이들에게는 더욱 그리할 것이니라" 하였다. 여기서 말하는 말씀과 가르침에 수고하는 장로가 바로 목사이다.

둘째, 장로란 어떠한 직분인가? 장로는 '다스림의 사역자'로, 공적으로 선포된 목사의 말씀을 교인들이 어떻게 실천하고 적용하는 지를 '심방'을 통해 살피는 직분자이다. 앞서 말하였듯이 '잘 다스리는 자'이다. 그런 의미에서 신약 성경에서 종종 장로를 '감독'(행 20:17, 28; 딤전 3:1, 5:17, 19; 딛 1:5, 7; 벧전 5:1-2)이라고도 하였다. 장로의 주된 역할을 심방을 통해 성도들을 감독하고 목사가 선포한 말씀으로 잘 다스리는 것이다.

셋째, 집사란 어떠한 직분인가? 집사는 '긍휼의 사역자'로, 그리스도의 긍휼의 본보기가 되어 구제와 봉사 사역을 담당하는 직분자이다. 교회 내 가난한 자들이 신앙 생활하는 데 어려움을 겪지 않도록 그들을 돌보는 것이다. 그런 의미에서 집사들이 구제와 봉사 사역을 위해서 재정을 관리 및 집행하는 역할도 함께 맡는다.

그뿐 아니라 하나님께서는 성도들에게 성령의 은사를 더하여 주신다. 머리 되신 그리스도의 몸 된 교회의 유익을 위해서이다. 그 몸 된 교회를 온전케 하고 각 지체들이 말씀 안에서 건강하게 세워지는 데 즐거이 사용되도록 은사를 주신다.

> 너희 중에 있는 하나님의 양 무리를 치되 억지로 하지 말고 하나님의 뜻을 따라 자원함으로 하며 더러운 이득을 위하여 하지 말고 기꺼이 하며 맡은 자들에게 주장하는 자세를 하지 말고 양 무리의 본이 되라 _ 베드로전서 5:2-3

하지만 우리가 간과해서는 안 되는 것이 있다. 그것은 바로 목사-장로-집사 직분이나 은사들 가운데 그 어떠한 '수직적 서열'이 없다는 것이다. 모든 직분은 '동등한 권한'을 가지고 모든 은사는 동등한 가치를 가진다. 교회는 직원들의 평등성, 회중의 권리, 그리고 교회의 통일성이 균형 있게 이루어져야 하며, 성도들의 은사를 조화롭게 사용하여야 한다.

여기에서 우리는 성경적 직분이나 은사에는 수직적 계급 개념이 없음을 명심해야 한다. 예수님께서 섬김의 자리로 오셨듯이, 그의 몸 된 교회의 모든 직분은 낮은 자리에서 섬김을 통해 다스림의 능력을 나타내어야 한다. 그리고 이렇게 서로를 섬김으로 인해 몸 된 성도 공동체가 교회로 온전케 된다.

3. 예배 공동체

1) 예배

교회는 영적 공동체이다. 그 영적 공동체인 성도들이 성령 하나님 안에서 하나를 이루기 위해 주어진 권세가 있다. 그것은 바로 가르치고, 치리하고 봉사하는 권세로서, 목사와 장로와 집사의 역할로 나타난다.

참된 교회의 표지는 '복음의 말씀이 잘 전파되고 있느냐, 성례가 합당하게 시행되고 있느냐, 권징이 이루어지고 있느냐'이다. 그러면 말씀, 성례, 권징을 참된 교회의 표지라 하고, 그 참된 교회가 그 존재 목적을 하나님의 영광에서 찾는다면, 교회는 하나님의 영광을 위해 무엇을 행하여야 하는가? 성경에서는 그 답을 예배라 가르친다.

예배란 무엇인가? 예배란 문자적으로 '예를 갖추어 절하다'를 뜻한다. 그런 측면에서 예배의 근본 의미는 하나님을 섬기고 하나님께 봉사하는 것이라 할 수 있다. 그렇기에 여기서 우리가 주의해야 할 것은 '예배를 통해 어떤 은혜를 받을까?' 하는 마음보다 '예배를 통해 하나님께 무엇을 드릴 것인가?'하는 마음이어야 한다는 것이다.

이스라엘 백성들이 회당에 모여 율법을 읽고 강론한 것처럼, 오늘날 우리의 교회 역시도 예배 가운데 성경을 봉독하고 그 읽은 말씀을 강론한다. 그런 의미에서 찬양과 기도 다음에 순서한 성경말씀을 읽는 것과 강론하는 것이 결코 예배의 부가적인 요소가 되어서는 안 된다. 말씀을 읽고 강론하는 것은 예배의 핵심이요 예배의 절정이다. 우리는 설교자의 입에서 선포되는 말씀을 하나님의 말씀으로 분별하여 받아야 한다. 우리에게 사죄의 은총을 베푸신 하나님께서 말씀하여 주심에 감화, 감동된 우리는 이제 그 마음으로 헌신 봉사하고자 하여야 한다. 그리고 여기에 더하여 헌금과 성례가 이어지는 것이다.

> 하나님은 영이시니 예배하는 자가 영과 진리로 예배할지니라 _ 요한복음 4:24

그렇다면 하나님이 받으시는 예배란 무엇일까? 이 예배가 다른 제사들과 다른 것이 무엇일까? 하나님께 드리는 예배는 사망에 패배하여 굴복된 자들을 섬기는 제사도 아니요, 십자가의 주님을 추억하고 기념하고자 하는 애틋한 마음에서 드려지는 것도 아니다. 이 예배는 사망을 이기고 정복하사 부활 승천하신 예수 그리스도를 의지하여 살아계신 하나님을 섬기는 예배이다. 다른 말로 하나님께서 받으시는 예배는 예수를 믿는 믿음이 있는 성도가 드리는 예배를 찾으시고, 기뻐하시고, 받으신다.

그래서 우리는 지금도 하나님 보좌 우편에서 우리를 위해 중보하시는 예수 그리스도를 의지하여 하나님의 임재 가운데 들어가게 되며, 성령 하나님 안에서 말씀을 통해 유일한 중보자 되신 예수 그리스도를 통하여 하나님께 머리 숙여 예배한다. 그 예배 가운데 삼위일체 하나님을 만나기 위함이다. 바로 이런 예배하는 자세가 우리의 거룩한 삶의 원리요 삶의 태도로 나타나야 한다.

2) 그리스도와의 연합

참된 교회는 말씀과 성례와 권징이 이루어지는 교회이다. 그리고 그 중심에는 '예배'가 있다. 예배를 통해 말씀이 선포되고, 성례가 시행되며, 이 예배를 순전히 지켜내기 위해 권징이 이행된다.

그렇다면 말씀과 성례와 권징이 표방하는 바가 무엇일까? 바로 그리스도와 연합한 몸 된 교회이다. 한 몸 된 공동체적 의미가 그 속에 있다. 물론 구원의 여부는 전적으로 하나님과 그 개인의 일대일 간의 문제이기도 하다. 하지만 구원을 받았다의 근본적인 의미는 그리스도와의 연합함에 있다. 그리스도와 함께 십자가에 못 박히고, 그리스도와 함께 십자가 죽음에서 부활하는 것이다. 내가 믿음으로 그리스도와 연합하고, 다른 이들도 믿음으로 그리스도와 연합하게 될 때, 우리는 한 분 예수 그리스도와 한 몸이 된다. 바로 그런 의미에서 사도 바울은 "그러므로 그리스도께서 우리를 받아 하나님께 영광을 돌리심과 같이 너희도 서로 받으라"(롬 15:7)라고 말한다. 참된 교제 안에 있는 우리가 하나님께 영광 돌리는 것, 그것이 바로 성도의 교제 즉 '코이노니아'의 핵심이라 할 수 있다.

> 무릇 그리스도 예수와 합하여 세례를 받은 우리는 그의
> 죽으심과 합하여 세례를 받은 줄을 알지 못하느냐 그러므로
> 우리가 그의 죽으심과 합하여 세례를 받음으로 그와 함께
> 장사되었나니 이는 아버지의 영광으로 말미암아 그리스도를
> 죽은 자 가운데서 살리심과 같이 우리로 또한 새 생명 가운
> 데서 행하게 하려 함이라 만일 우리가 그의 죽으심과 같은
> 모양으로 연합한 자가 되었으면 또한 그의 부활과 같은 모
> 양으로 연합한 자도 되리라 우리가 알거니와 우리의 옛 사
> 람이 예수와 함께 십자가에 못 박힌 것은 죄의 몸이 죽어
> 다시는 우리가 죄에게 종 노릇 하지 아니하려 함이니 _ 로
> 마서 6:3-6

이 참된 교제는 오직 예수 그리스도로 말미암아 가능하다. 왜냐하면 예수님께서 자기 생명을 우리에게 주셨고 우리는 그 생명 안에서 다시 살아 존재하기 때문이다. 그렇기에 참된 교제의 밑바탕은 바로 예수님의 희생적 사랑에 놓여 있다. 무가치하다 할지라도 사랑하는 것이다. 그러기 위해서 우리는 자신을 낮추고 서로 인정하고 희생하는 십자가의 사랑으로 사랑해야 한다. 그것이 바로 예수님께서 만드신 새로운 공동체의 특징이다.

"새 계명을 너희에게 주노니 서로 사랑하라 내가 너희를 사랑한 것 같이 너희도 서로 사랑하라"(요 13:34). 이 말은 '내가 너희를 사랑하여 희생하였듯이, 너희도 서로 사랑하고 희생해

라. 자신을 낮추어 희생하는 사랑을 해라'는 예수님께서 주신 새 계명이었다. 다시 말해, 함께 예배하는 일에 힘쓰고, 함께 예배하는 자들과 교제 나누고, 그들을 온전히 섬기고, 사랑함으로서 복음을 전하는 것이 교회가 마땅히 해야 하는 사명인 것이다. 이 일을 통해 하나님의 뜻과 영광이 온전히 드러나게 된다. 이것은 다른 말로 눈에 보이지 않는 하나님을 성도들의 교제와 섬김과 사랑함을 통해 다른 성도들과 세상에 드러내 보여주는 것이다. 하나님을 비추는 거울이 바로 성도들인 것이다.

그렇다면 예배는 드리되, 같은 공간에서 예배는 드리되, 성도 간에 교제가 없다거나, 내 옆에 있는 사람이 누구인지 모른 체 인사도 없이 예배만 드린다거나, 아무 이유 없이 온라인 예배를 드린다거나, 장로, 집사, 권사와 같이 직분자임에도 불구하고 내 구역 식구 혹은 교구 가족들 말고는 수년간 함께한 같은 교회 성도들의 이름조차도 모른다면, 과연 그와 같은 교회 공동체는 온전하다 할 수 있을까? 모이기는 하되 그 어떠한 교제도 없는 성도와, 교회에 출석하지 않지만 스스로 그리스도인이라 주장하는 가나안 성도의 차이점은 어디에 있을까? 외형적으로 교회에 등록이 되고, 공적 예배 공간 안에 있다는 것 외에 다를 바가 없다는 것이 고민될 수밖에 없다. 바로 이러한 점에서, 성도의 교제는 오늘날의 교회가 회복해야 할 가장 중요한 문제 중 하나임에 틀림없다. 하나님을 사랑하는 마음으로 모인 예배 공동체는 함께 예배하는 자들을 향한 사랑을 실천하며 성도간의 교제를 실천해야 한다.

3) 은혜의 통로

하나님께서는 그리스도를 통해 죄인에게 은혜를 베푸신다. 그리고 그 은혜로 우리를 구원하시는데, 이 구원을 위한 은혜를 받는 방법을 가리켜 '은혜의 방편'이라 한다. 교회가 사용하는 은혜의 방편은 말씀과 성례와 기도가 있다.

(1) 하나님의 말씀

예수님께서 대위임령을 주시면서 하신 말씀이 "내가 너희에게 분부한 모든 것을 가르쳐 지키게 하라"(마 28:20)였다. 여기서의 말씀은 '성경'이다. 성경은 기록된 하나님의 말씀으로서 우리에게 주어져 우리가 마땅히 읽을 수 있다.

우리는 이 성경을 교회에서나 가정에서나 혹은 어느 곳에서든지 읽고 가르쳐야 한다. 특별히 주일 예배 때 설교자에 의해서 말씀이 강론되고, 그 강론된 말씀이 적절하게 성도들에게 적용되어야 한다.

그리고 우리는 교회에서 뿐만이 아니라 가정에서나 머무르는 어느 곳에서든지 성경을 읽고 묵상함을 통해 신앙의 성장을 이루게 된다. 그리스도인은 개인적으로 성경을 공부하고 개인적으로 말씀을 읽음으로써 하나님을 아는 지식에서 자라나는 것이다. 우리 손에 들린 성경을 언제든지 읽고 이해하는 일에 힘써야 하는 이유가 바로 여기에 있다.

> 그러므로 믿음은 들음에서 나며 들음은 그리스도의 말씀으로 말미암았느니라 _ 로마서 10:17

물론 잘못된 성경 읽기와 이해가 성경의 본 의미를 왜곡할 수도 있다. 또한 율법주의적 사고에 따라 성경을 읽고 공부하지 못함을 죄악시할 수도 있다. 그럼에도 불구하고 하나님의 말씀을 평생토록 공부하는 일을 중단해서는 안 되는 이유는 바로 이 말씀이 은혜의 방편이기 때문이다. 단순히 읽고, 공부하여 지혜를 쌓는 것 이상의 더 크고 무한한 가치가 있기 때문이다.

그렇다면 기록된 성경 그 자체만으로 은혜가 주어질까? 그렇지 않다. 이 말씀과 관련된 모든 행위에 있어서 없어서는 안 되는 것이 바로 성령 하나님이다. 성령님께서 우리로 율법 앞에 서게 하사 죄를 깨닫게 하시고, 참된 회심을 일으키셔야 한다. 성령 하나님께서 우리로 그리스도를 믿는 믿음을 갖게 하셔서, 우리로 그리스도에 대한 말씀과 그의 구원 사역을 믿는 믿음을 갖게 하셔야 한다. 이로 인해 우리는 구원에 이르는 하나님의 능력을 맛보는 것이다.

그렇기에 설교자는 부지런히 말씀을 준비하여 강론하여 가르치고, 청중은 그 들은 말씀을 최선을 다해 이해하고 기억하여 실천해야 하며, 모든 그리스도인들은 매일매일 성경읽기를 통해 말씀 안에서 부지런히 경건훈련을 해야 한다.

(2) 성례

성례란 무엇일까? 성례란 새 언약의 은혜들을 그리스도인들에게 적용케 하고, 인을 치는 그리스도께서 친히 세우신 거룩한 예식이다. 이 성례는 은혜라는 내적이고 보이지 않는 것의 외적이고 보이는 표지로서 그 의미를 가진다. 한편, 성례가 은혜의 방편이기에 성례 그 자체가 은혜의 통로가 될 수 있을까? 그렇지 않다. 성례에 참석하는 모든 자들에게 하나님의 은혜가 무조건적으로 동일하게 베풀어지는 것은 결코 아니다. 성례에 참석하는 모든 자들이 아니라 오직 성례에 믿음으로 참석하는 자들만이 구원의 유효한 수단으로서 은혜를 받게 되고 인 쳐지는 것이다.

그렇다면 이 성례의 효능은 어디서 올까? 이 효능은 성례를 집례하는 사람에게 있는 것이 아니다. 성례를 통한 은혜의 방편은 집례하는 사람이 아니라 하나님으로부터 온다. 가장 거룩한 사역자라 하더라도 그 자신의 거룩성과 능력이 집례를 통해 다른 이들에게 은혜로 주입되어 구원 역사가 일어나게 할 수는 없다. 성례의 유효성은 오직 그리스도에게 있다. 성례를 통한 구원의 은혜는 오직 삼위 하나님께 있는 것이다.

성례는 성자 예수님께서 성취하신 언약과 그가 친히 세우신 새 언약에 인을 치는 의식이라 할 수 있다. 믿음으로 그 성례를 받는 모든 자들에게 하나님의 은혜가 주어지는 것이 바로 은혜가 주어지는 방식이요 은혜가 나오는 통로인 은혜의 방편을 의미한다. 이와 더불어서 이 성례를 통해서 하나님의 구원의 확실성 그리고 은혜의 확실성이 주어진다는 의미가 바로 인쳐지는 것이다. 하나님 편에서는 이 새 언약의 의식 가운데 약속하신 내용들을 확실히 이루신다.

> 새 언약이라 말씀하셨으매 첫 것은 낡아지게 하신 것이니 낡아지고 쇠하는 것은 없어져 가는 것이니라 _ 히브리서 8:13

이 성례에는 세 가지 주요한 요소가 있다.

첫째, 가시적 표징이다. 세례는 물로, 성찬은 떡과 포도즙으로 보이는 표가 나타난다.

둘째, 불가시적 은혜이다. 믿음으로 그 성례를 받드는 자에게 죄 씻음과 중생의 씻음과 희생의 유익을 받는다.

마지막으로, 앞선 가시적 표징과 불가시적 은혜가 상호간에 성례적 관계에 놓여 있다. 이것을 다시 말하면, 성례는 죄인인 우리를 위해 십자가에 달려 죽으시고, 부활하신 그리스도를 보게 되는 복음의 성례가 된다는 것이다.

성례를 시행할 때마다 우리는 말씀 전파의 필요성을 강조하는데, 이는 성례가 오직 말씀의 빛 안에서만이 그리스도를 바라보게 하기 때문이다. 그런 의미에서 우리는 그 가시적인 하나님 말씀으로서의 성례가 우리에게 은혜의 방편임을 기억하고 보다 진지하게 믿음으로 임해야 한다.

그렇다면 이 성례로 지정이 된 것은 무엇이 있을까? 두 가지가 있다. 오직 우리 주님께서 세우신 세례와 성찬이다.

첫째, 세례란 무엇일까? 세례는 씻는 것이다. 그렇기에 세례의 목적은 성결케 되는 것이다. 그래서 세례는 '나는 죄 씻음 받았다', '나는 죄로부터 회개하였다'를 증거하는 표인 동시에 그리스도와의 연합을 경험케 한다. 그러므로 세례를 받았다는 것은 몸 된 교회의 교인이 되는 것을 공적으로 선포하는 것이다.

> 물은 예수 그리스도께서 부활하심으로 말미암아 이제 너희를 구원하는 표니 곧 세례라 이는 육체의 더러운 것을 제하여 버림이 아니요 하나님을 향한 선한 양심의 간구니라 _ 베드로전서 3:21

그렇다면 목사는 누구에게 세례를 베풀어야 할까? 마가복음 16:16을 보면 이렇게 말하고 있다. "믿고 세례를 받는 사람은 구원을 얻을 것이요 믿지 않는 사람은 정죄를 받으리라." 한마디로 말하면 세례는 스스로 신앙고백을 하는 자에게 베풀어져야 한다. 신앙고백이 항상 우선한다. 바로 그러한 의미에서 세례문답 공부는 개인적으로 진행되더라도, 세례식은 공예배 가운데 신앙고백을 온 교회가 확인한 후에 시행된다. 동일한 신앙고백을 하는 자여야만 같은 교회 공동체의 구성원으로 받을 수 있기 때문이다.

그렇다면 유아세례는 어떻게 이해해야 할까? 성인들은 개인의 신앙고백을 확인할 수 있지만, 유아들은 불가능하다. 또한 유아들이 성령님으로 말미암아 중생했는지 아닌지 믿음이 있는지 없는지를 확인할 수 없다. 그렇다고 하여 유아세례가 비성경적이라 말할 수는 없다. 왜냐하면 유아세례는 성경에 나타나는 언약에 근거하기 때문이다. 아브라함의 후손들이 태어난 지 팔 일 만에 할례를 받은 것은(창 17:10) 그들이 신앙고백을 스스로 해서가 아니라, 언약의 자손으로 태어났고, 언약의 효력과 혜택에 속한다고 여겼기 때문이다. 중생의 약속이요 언약의 약속에 근거해서 세례를 베푸는 것이다.

> 베드로가 이르되 너희가 회개하여 각각 예수 그리스도의 이름으로 세례를 받고 죄 사함을 받으라 그리하면 성령의 선물을 받으리니 이 약속은 너희와 너희 자녀와 모든 먼 데 사람 곧 주 우리 하나님이 얼마든지 부르시는 자들에게 하신 것이라 하고 _ 사도행전 2:38-39

세례 자체는 결코 구원을 불러일으키지 않는다. 하지만 세례 자체는 우리의 신앙고백이요 그리스도를 위한 삶을 살겠노라고 결단하는 행위이다. 나에게는 단 한번 행해지지만, 가시적인 은혜의 방편으로서 다른 사람들의 세례식을 보면서 '내가 죄 씻음 받았다, 내가 구원의 은혜를 받았다, 내가 그리스도와 연합되었다, 성결의 삶을 살아야겠다'고 함께 신앙고백하는 행위임을 기억해야 한다.

둘째, 성찬이란 무엇일까? 성찬은 주께서 잡히시던 밤에 제자들과 함께 나누었던 유월절 식사 때 재정되었다. 빵과 포도주는 주께서 우리를 구원하기 위해 찢기신 살과 흘리신 피를 상징한다. 우리는 이 성찬이 제정된 이후에 계속해서 하나님의 아들이신 그리스도의 대속적 죽음을 기념한다.

성찬은 그리스도의 죽으심에 대한 상징적인 표와 인이다. 실제적으로 빵과 포도즙을 먹고 마심으로 그리스도와의 연합에 동참하는 것을 상징한다. 그리고 성찬은 그리스도의 대속적 은혜에 참여케 되어 그리스도께서 성취하신 새 언약의 풍요로움을 누리게 된다. 바로 그 사실을 우리가 확신한다.

> 우리가 축복하는 바 축복의 잔은 그리스도의 피에 참여함이 아니며 우리가 떼는 떡은 그리스도의 몸에 참여함이 아니냐 떡이 하나요 많은 우리가 한 몸이니 이는 우리가 다 한 떡에 참여함이라 _ 고린도전서 10:16-17

그런데 표와 인으로서 성찬을 해석하는 데는 다양한 견해가 있다. 이는 성찬식에 있어서 빵과 포도주에 승천하신 그리스도께서 어떻게 임재하느냐에 대한 이해 차이에서 비롯한다.

첫째, 화체설이다. 이것은 로마가톨릭교회의 견해인데, 그리스도께서 빵과 포도주에 육체적으로 임재하고 실제적으로 살과 피로 변한다는 주장이다. 특별히 사제의 의식적 행위가 빵과 포도주를 실제적으로 변화시킨다 한다.

둘째, 공재설이다. 이것은 루터의 견해인데, 빵과 포도주가 그리스도의 살과 피로 변화는 것은 아니지만, 그리스도의 편재하는 신성에 근거하여서 빵과 포도주 안에, 아래, 그리고 함께 공간적으로 실제 임재한다는 주장이다.

셋째, 기념설이다. 이것은 츠빙글리의 견해인데, 그리스도의 임재 자체를 거부하는 입장이다. 그에게 성찬은 단순히 상징에 불과한 기념이요, 단순한 신앙고백으로 치부하였다.

넷째, 영적임재설이다. 이것은 칼빈의 견해인데, 루터와 츠빙글리의 중간적 입장이라 할 수 있다. 칼빈은 성찬이 단순한 기념 이상의 의미를 가지고 있으며, 성찬은 그리스도의 대속적 은혜에 대한 인과 보증이고, 육체적이거나 공간적 임재가 아니라 성령님을 통한 영적 임재임을 강조한다. 승천하신 예수님께서는 재림 때까지 하나님 보좌 우편에서 부활하신 몸으로 계시기 때문이다. 우리는 이러한 칼빈의 견해를 따르고 있다.

그렇다면 이 성찬에는 누가 참석할 수 있을까? 세례 교인 이상이다. 표와 인으로서의 성찬의 의미를 이해하고 분별력 있게 받는 자여야 하기 때문이다. 아무나 성찬에 참여할 수 있을까? 아니다. 오직 자신의 신앙을 공적으로 고백하고 공적으로 인정받은 자만이 참석할 수 있다. 뿐만 아니라 유아세례를 받은 어린 아이들도 그 의미를 정확히 알고 분별력 있게 받기 전까지는 자격이 주어지지 않는 것이 합당하게 여겨진다. 그 이유는 바로 성찬이 그리스도와의 연합을 의미하기 때문이다. 그리스도와의 신비로운 연합의 의미와 그 유익을 알지 못하는 자들은 합당하게 그것을 받지 못한다.

성찬은 그리스도께서 제정하신 것이다. 성찬은 승천하신 그리스도께서 다시 오실 때까지 우리가 그를 기념하고, 성령님 안에서 그와 연합되며, 그의 대속의 은혜와 유익을 지금도 누리게 된다. 그렇기에 우리는 성찬에 보다 진지한 마음으로 참석하고, 우리의 신앙을 온전히 고백해야 한다.

(3) 기도

하나님께서 우리에게 은혜를 베푸시는 방편으로 하나님의 말씀과 성례가 있다. 그렇다면 기도는 어떻게 이해해야할까? 우리는 기도를 통해 하나님의 은혜를 받지 못할까? 『하이델베르크 요리문답』에서 기도는 '감사의 방법'으로 이해된다면, 『웨스트민스터 요리문답』에서 기도는 말씀과 성례와 더불어 '은혜의 방편'으로 설명되고 있다. 예수님께서는 제자들에게 기도를 해야 하는 이유와 더불어 방법까지 구체적으로 알려주시면

서 기도에 대한 하나의 모본을 남겨 주신 것이 바로 '주기도'
이다.

기도란 무엇일까? 기도란 우리의 원하는 바를 하나님께 부탁
드리며 구하는 일이다. 우리의 죄를 고백하고, 그리스도의 긍휼
에 감사하고, 하나님의 뜻에 맞는 것들을 그리스도의 이름으로
부탁드린다. 우리의 원하는 바를 바로 하나님의 뜻 가운데 구
하는 것이다.

그렇다면 기도가 우리의 원하는 바를 하나님께 부탁하는 것
이라면, 하나님께서 받으시는 기도는 어떠한 기도일까? 우리의
기도 자세는 바로 오직 하나님만이 우리가 경배해야 할 대상이
요, 오직 하나님만이 우리를 감찰하시며, 오직 하나님만이 우리
기도에 응답하실 수 있으신 분임을 믿는 것이다. 우리를 감찰
하시는 유일한 하나님께서 자신을 경외하는 자의 부르짖음을
들으사 구원하기 때문이다. 그렇기에 우리는 믿음으로 인내하
며 기도하되 반드시 응답이 있을 것을 기다려야 한다.

> 너희 중에 누구든지 지혜가 부족하거든 모든 사람에게 후
> 히 주시고 꾸짖지 아니하시는 하나님께 구하라 그리하면 주
> 시리라 오직 믿음으로 구하고 조금도 의심하지 말라 의심하
> 는 자는 마치 바람에 밀려 요동하는 바다 물결 같으니 이런
> 사람은 무엇이든지 주께 얻기를 생각하지 말라 _ 야고보서
> 1:5-7

그런데 우리는 하나님께 인정받지 못할 죄인에 불과한데, 어

뚛게 우리의 기도가 하나님께서 받으실만한 기도가 될까? 우리가 기도할 때 성령 하나님께서 우리의 연약함을 도우실 것이고, 우리가 무엇을 기도해야 하는지, 어떻게 기도해야 하는지 가르쳐 주실 것이다. 그렇게 우리의 기도는 하나님께서 받으실 만한 기도가 될 수 있다.

> 아무것도 염려하지 말고 오직 모든 일에 기도와 간구로, 너희 구할 것을 감사함으로 하나님께 아뢰라 그리하면 모든 지각에 뛰어난 하나님의 평강이 그리스도 예수 안에서 너희 마음과 생각을 지키시리라 _ 빌립보서 4:6-7

마음을 감찰하시는 성령 하나님의 뜻대로 기도하는 우리는 성령님의 도우심을 받아 우리의 죄를 고백하고, 우리의 죄를 미워하고, 다시는 반복하지 않을 각오로 후회하고, 하나님의 사죄의 은총을 바란다. 그뿐 아니라 하나님의 자비와 약속에 대해 감사하며, 바로 그 마음으로 우리는 염려하지 말고 오직 모든 일에 기도와 간구로 너희 구할 것을 감사함으로 하나님께 아뢰는 것이다.

우리가 그렇게 성령 하나님의 도우심을 받아 기도할 뿐 아니라 누구의 이름으로 하나님께 나아갈 수 있을까? 우리는 주 예수 그리스도의 이름으로 기도드리며 하나님께 나아간다. 하나님 보좌 우편에서 우리를 대변하시는 그리스도께서 우리의 유일한 중보자가 되시기 때문이다. 우리의 유일한 중보자가 되시

는 예수 그리스도를 의지하여, 성령 하나님의 도움 받아, 하나
님 아버지께 기도하는 것이다.

4. 세상 속 공동체

아브라함은 이삭을 하나님께 바쳤을 때 "내가 이제야 네가
하나님을 경외하는 줄을 아노라"(창 22:12)라는 하나님의 말씀을
들었다. 아브라함은 그의 행함으로 그의 언약적 믿음이 여전히
유효하고 있음을 보여준다. 하나님께서는 아브라함의 믿음의
행위와 믿음의 열매를 보기 원하신다. 그것이 바로 하나님이
요구하는 참된 믿음이다.

믿음은 아는 것에 그치는 것이 아니다. 믿음은 어떤 사실에
동의하는 것에 그치는 것이 아니다. 믿음은 내가 아는 바에 대
해, 내가 동의하는 바에 대해, 내가 믿는 바에 대해 확신하는
것에 그치는 것이 아니다. 구원을 얻는 믿음은 오직 하나님의
은혜로 인한 것이지만, 구원에 이르는 지식과 믿음은 오직 하
나님의 선물임에도 불구하고, 그 믿음은 결코 머리에만 머무는
정적인 것에 그치지 않는다. 올바른 믿음의 올바른 반응인 올
바른 행함으로 진정한 믿음이 나타나야 한다.

야고보서가 담고 있는 근본 기저는 우리의 믿음이 효과적이
라는 사실이다. 우리의 믿음은 효력을 나타내기에, 우리의 행동

에 영향을 끼쳐서 우리로 열매를 맺게 한다. 그것이 참된 믿음이다. 행함으로 믿음이 온전케 되는 것은 행함으로 본래의 믿음에 활기를 북돋아 주고 영향을 끼치기 때문이다.

요한복음 15장의 참 포도나무 비유 역시도 열매 맺음의 중요성을 알려준다. 예수 그리스도 안에 거함으로 인해 우리는 열매 맺는 삶을 살게 되지만, 믿음의 증거로서 열매를 맺고자 하는 우리의 행함이 나타나야 한다는 말이다.

> 나는 포도나무요 너희는 가지라 그가 내 안에, 내가 그
> 안에 거하면 사람이 열매를 많이 맺나니 나를 떠나서는 너
> 희가 아무 것도 할 수 없음이라 _ 요한복음 15:5

우리가 예수님을 마음으로 믿어 입으로 시인하게 될 때, 그 고백되어진 말은 우리의 열매로 증명되어야 한다. 열매는 예수님께서 우리를 사랑하신 그 사랑으로 이웃을 사랑하는 것이다. 그것이 바로 세상 속에서 살아가는 그리스도인의 기본자세이다. 우리가 살아가는 어느 곳이든 우리는 주님의 통치를 받는 하나님 백성으로 살아야 한다. 하나님께 예배하는 시간뿐 아니라 삶의 모든 영역에서 하나님의 절대주권이 드러내야 한다.

너는 마음을 다하여 여호와를 신뢰하고 네 명철을 의지하
지 말라 너는 범사에 그를 인정하라 그리하면 네 길을 지도
하시리라 스스로 지혜롭게 여기지 말지어다 여호와를 경외
하며 악을 떠날지어다 _ 잠언 3:5-6

우리가 반복해서 믿음을 고백하는 것, 반복해서 죄를 고백하
는 것, 반복해서 죄 용서를 구하는 것, 이 모든 것들이 바로
성화의 삶이다. 그리스도인은 죽는 날까지 죄와 끊임없는 사투
를 벌이는 성화의 삶을 살게 된다. 즉 우리 안에서 두 가지 마
음인 육체의 정욕과 성령님의 인도하심이 끊임없이 서로를 거
스르게 한다(갈 5:16-26). 이 두 마음이 우리 안에서 서로 싸우
며 마음의 주도권을 잡으려고 한다.

우리 안에서 육체의 정욕이 주도권을 잡으면 예수님을 믿는
성도라 하지만 그 삶은 이 세상 사람들의 삶과 별반 다를 것이
없다. 그리고 그가 하는 일들로 인하여 하나님께서 기뻐하시지
않고 근심하실 것이다. 더 나아가 그의 육신의 정욕을 없애기
위해 하나님께서 심판을 하실 것이다. 이 심판은 자녀가 잘못
된 길에서 돌이키게 만드는 견책의 심판이다.

예수님을 믿어 하나님을 아버지라 고백하는 성도는 그 마음
이 성령님의 인도하심을 받기 위해 노력해야 한다. 어떻게 노
력할 수 있는가? 하나님의 말씀을 읽고, 듣고, 묵상함으로 성
령님의 인도하심을 받을 수 있다. 날마다 기도함과 찬양함으로

성령님의 인도하심을 받을 수 있다. 성령님의 인도하심을 계속해서 받는다면 육신의 정욕에 따른 습관이 점점 더 내 삶에서 자리를 잃어갈 것이다. 그리고 나는 온전한 성령님의 사람이 되어 하나님이 기쁘시게 하는 삶의 많은 열매들을 맺을 수 있게 될 것이다. 성도는 내 마음의 주도권을 잡기 위해 지금도 치열하게 싸우고 있음을 알고 성령님께서 내 마음의 주도권을 잡을 수 있도록 늘 싸워나가야 한다.

> 내가 이르노니 너희는 성령을 따라 행하라 그리하면 육체의 욕심을 이루지 아니하리라 육체의 소욕은 성령을 거스르고 성령은 육체를 거스르나니 이 둘이 서로 대적함으로 너희가 원하는 것을 하지 못하게 하려 함이니라 _ 갈라디아서 5:16-17

우리가 이신칭의의 믿음을 소유하고 있음에도 불구하고, 우리가 의롭게 되어 하나님의 자녀가 되었음에도 불구하고, 여전히 의롭고 거룩한 하나님의 자녀답지 못하고 오직 죄인의 모습과 습관에 젖어 사는 경우가 많다. 그렇기에 하나님께서 우리에게 요청하는 성화의 삶은 우리의 사랑으로 연결된다. 사랑을 행하는 것이 바로 성화의 삶인 것이다.

이같이 너희 빛이 사람 앞에 비치게 하여 그들로 너희 착
한 행실을 보고 하늘에 계신 너희 아버지께 영광을 돌리게
하라 _ 마태복음 5:16

오직 구원을 받은 자만이 하나님이 기뻐하시고 즐거워하시는
뜻을 위해 행할 수 있다. 성령님을 통해서 하나님에 대한 감사
와 사랑의 원리로 행한다. 그 모든 선행은 아직도 감사의 원리
로 주어지는 율법에 대한 진실된 순종으로 이루어진다. 하나님
의 말씀을 지키고, 하나님의 영광을 목표로 하고, 하나님 앞에
서 살아가는 자는 바로 하나님이 기뻐하시는 사랑을 행하며 열
매 맺는 성화의 삶을 사는 것이다. 그것으로 우리는 우리의 그
리스도인 됨을 증명한다.

결 론 * 복 음 ― 사 명 을 말 하 다

Gospel, Tell the Mission

복음이란

나의 소명이 무엇인지,

나의 삶의 방향은 어디여야 하는지,

나의 인생의 끝은 어떠해야 하는지,

그 목적에 이르는 방향에 대한 복된 소식이다.

Tell the Gospel

결론 _ 복음, 사명을 말하다

Gospel, Tell the Mission

> 나의 달려갈 길과 주 예수께 받은 사명
> 곧 하나님의 은혜의 복음 증거하는 일을 마치려 함에는
> 나의 생명을 조금도 귀한 것으로 여기지 아니하노라
>
> 사도행전 20:24

"주사위는 던져졌다." 로마를 눈앞에 둔 율리우스 시저(Julius Caesar)는 이 명령과 함께 루비콘 강을 건너며 다시는 돌이킬 수 없는 결정을 하였다. 세계 역사 가운데 로마의 운명은 바로 이 결정적인 타이밍을 통해 이루어졌다. 그렇다면 우리의 인생에도 결정적인 타이밍이 정말로 중요할 텐데, 이 세상 너머의 우리의 인생에 결정적인 타이밍에 대한 우리의 자세는 어떠해야 할까?

복음 역시도 한 사람의 인생을 완전히 변화시키는 결정적 타이밍 역할을 한다. 복음이 전해지고, 믿음으로 그 복음을 받아들일 때 그 사람의 인생 역시도 루비콘 강을 건너는 것과 같다 할 수 있다. 이 모든 일은 우리의 지혜에 놓여 있지 않다. 전적으로 하나님께서 그 결정적인 타이밍의 역사를 일으키신다.

그렇다면 복음이 우리에게 끼치는 구체적인 영향은 무엇일까?

첫째, 복음은 나로 하나님을 의존케 한다. 오직 믿음으로 복음의 사람이 되었다 하더라도, 우리는 끊임없이 복음으로 우리를 부르신 하나님께 의존하는 삶을 살아야 한다. 우리는 각각의 상황과 시대에 맞추어 처신할 수 있는 지식과 능력이 부족하기 때문이다. 우리는 시대와 상황 그리고 모든 문제들을 정확히 읽어낼 능력이 없다. 따라서 우리는 전지전능하시고 우리를 그의 손 안에서 섭리하시는 하나님께 전적으로 의뢰하여야 한다. 복음으로의 소명의식을 가진 자는 하나님께 의지하게 되고, 하나님께서 그 때를 가르쳐 주시기에 안전하고 현명한 판단을 내릴 수 있다.

둘째, 복음은 나로 포기케 한다. 하나님을 의존한다는 것은 자기부정을 전제로 한다. 자기애와 자기 신뢰가 교만으로 포장되어 하나님의 영향력을 축소시키지 않도록 해야 한다. 복음 안에서 하나님의 뜻에 따르는 삶을 살고자 한다면 자기중심적 사고를 버리고 포기하여야 한다. 아무리 통찰력 있고 박학다식하다 할지라도 우리가 타이밍을 의뢰할 분은 하나님이시다. 인생에서의 준비뿐만 아니라 결단에 있어서도 우리는 오직 하나님을 의존해야 한다. 하나님의 뜻에 따라 시대를 분별하여 하나님의 목적을 위해 결단할 뿐 아니라 섬길 준비가 되어 있으려면 나를 포기하는 지혜가 절대적으로 요구된다.

셋째, 복음은 나로 준비케 한다. 겸손의 왕이신 예수님께서는 자신의 때가 아직 이르지 아니하였다고 말씀하셨다. 하지만 창조 이래로 종말의 때까지 모든 만물을 말씀이신 성자 예수님을 통해 창조되었기에 모든 시대가 다 그의 때라 일컬을 수 있다. 오직 예수 그리스도로 말미암아 기록된 계시의 모든 말씀이 해석되어져야 하기 때문이다. 그와 같이 겸손한 예수님께서 원하시는 바는 바로 우리가 겸손히 깨어 준비되어 있는 것이다. 복음으로 부름 받아 그리스도를 따르는 자에게는 준비를 갖추고 있는 것이 최고 수준의 순종이다.

이제 복음은 결단의 문제로 우리를 인도한다. 하나님께서는 주저함과 망설임 없이 결단하며 헌신하는 자를 찾으신다. 그와 같은 자들을 기뻐 사용하길 원하신다. 그들은 하나님의 마음에 합한 백성으로서 시대의 징조를 읽고 당대에 그분의 목적을 위해 섬길 준비가 된 자들이다.

복음으로 부름 받은 우리는 우리 인생에 있어서 유종의 미를 거두는 자가 되어야 한다. 우리는 복음으로 부름 받았듯이, 복음은 우리가 마지막 호흡이 이르는 그 순간까지 우리의 목적의식이 되어야 한다. 우리는 복음 안에서 계속 성장해야 한다. 우리는 복음 안에서 성숙한 그리스도인으로 거듭나야 한다. 그리고 그것이 우리 인생의 여정임을 받아들여야 한다.

복음으로 부름 받은 우리는 복음의 여행을 떠나는 자가 되어야 한다. 우리가 세상에서 무언가를 그만 두는 나이와 상황이 되더라도, 오직 복음만은 영원한 우리의 사명이요 직업이어야 한다. 우리는 복음을 알고, 복음을 누리고, 복음을 전하는 그 모든 일들을 죽는 날까지 행해야 한다. 직업을 그만두거나 치명적인 병에 걸릴 수 있다 하더라도 복음의 사명을 잃은 것이 아니므로 우울해 할 필요는 없다. 그것이 바로 유종의 미를 거두는 것이다.

우리 인생이 마침표가 복음으로 찍힌다면 그보다 더 영광스럽고 존귀한 인생이 어디 있을까? 복음으로의 사명은 우리의 인생의 모든 결과를 하나님께 맡기도록 격려한다. 세상 속에서의 자신의 삶과 현실이 복음의 복락과 비전과 간격이 있어 보일지는 몰라도, 하나님이 준비하신 모든 결론은 이미 결정이 난 것이다. 그 푯대를 향한 믿음의 상을 향해 달려가는 기쁨이 우리의 몫이어야 한다.

우리는 부름 받은 존재다. 최후의 부르심이 우리 각자에게 올 때 우리가 완전히 소명에 응답했고, 그리스도의 복음을 좇았으며, 그 복음의 향기를 전하였으며, 유종의 미를 거둔 상태로 발견되길 바란다.

복음을
말하다